ELEGANTNA KUHARICA OD ŠIFONA

Savladajte umjetnost laganih i prozračnih užitaka uz
100 dekadentnih recepata

Viktorija Stanković

Materijal autorskih prava ©2024

Sva prava pridržana

Nijedan dio ove knjige ne smije se koristiti ili prenositi u bilo kojem obliku ili na bilo koji način bez odgovarajućeg pisanog pristanka izdavača i vlasnika autorskih prava, osim kratkih citata korištenih u recenziji . Ovu knjigu ne treba smatrati zamjenom za medicinske, pravne ili druge stručne savjete.

SADRŽAJ

SADRŽAJ 3
UVOD 6
CUPCAKES OD ŠIFONA 7
   1. Šifon kolačići od zmajevog voća 8
   2. Hokkaido kolačići od šifona 10
   3. Mramorni kolač od šifona 13
   4. Šifon kolačići od limuna 16
   5. Čokoladni kolačići od šifona 19
   6. Šifon kolačići od kolača s jagodama 21
   7. Šifon kolačići s cvijetom naranče 24
   8. Šifon kolačići od Matcha zelenog čaja 26
   9. Šifon kolačići od kokosa 28
   10. Šifon kolačići od mahune vanilije 30
   11. Šifon kolačići od lavande i meda 32
   12. Šifon kolačići od ružine vode i pistacija 34
   13. Šifon kolačići Earl Grey Tea 36
PITE OD ŠIFONA 38
   14. Šifon pita od malina 39
   15. Šifon pita od jabuka i cimeta 41
   16. Pita od šifona od crne trešnje 43
   17. Butterscotch pita od šifona 45
   18. Pita od pekmeza od šifona 47
   19. Šifon pita od bundeve 49
   20. Pita od šifona od jaja 51
   21. Voćni koktel pita od šifona 54
   22. Pita od šifona Guava 56
   23. Šifon pita od ključne limete 59
   24. Šifon pita od makadamije 62
   25. Pita od šifona cvijeta naranče 65
   26. Šifon pita od breskve 67
   27. Pita od šifona s maslacem od kikirikija 69
ŠIFON OD SIRA 71
   28. Kolač od sira od šifona i ananasa bez pečenja 72
   29. Šifon kolač od marelice bez pečenja 74
   30. Kolač od sira od šifona i trešnje od limuna 76
   31. Chiffon Cheesecake od borovnica 78
   32. Kolač od sira od šifona od ananasa 80
   33. Kolač od sira od šifona naranče 83
   34. Passionfruit Chiffon Cheesecake 86
   35. Kolač od sira od šifona od manga 89
   36. Kolač od sira od šifona maline 91

37. Torta od sira od šifona od kupina 93
38. Matcha kolač od sira od šifona 95
39. Šifon kolač od đumbira i kruške 98
40. Karamelizirani kolač od sira od šifona od banane 101

KOLAČI OD ŠIFONA 104
41. Yuzu šifon torta 105
42. Čokoladna šifon torta 108
43. Torta od šifona Dalgona 111
44. Šifon torta od banane 114
45. Medena torta od šifona 117
46. Tahini šifon kolač s medom i rabarborom 119
47. Torta od šifona s komadićima čokolade 123
48. Torta od šifona limun-mak 126
49. Šifonska torta Earl Grey 129
50. Šifon torta od lavande 131
51. Šifon torta od kokosa 135
52. Kolač od šifona od pistacija 137

ZAMRZNUTE POSLASTICE OD ŠIFONA 139
53. Chiffon paperje od trešnje 140
54. Torta od šifonske ledenice 142
55. Sladoled od šifona limete 144
56. Lime šifon Semifreddo 146
57. Šifon sorbet od limuna 148
58. Raspberry Chiffon Frozen Yogurt 150
59. Slatkiši od šifona od manga 152
60. Pita od šifona u ledenici od jagoda 154
61. Smrznuta krema od šifona borovnice 156
62. Sladoledni sendviči od šifona i kokosa 158
63. Slatkiši od šifona boje breskve 160

TARTS 162
64. Šifon kolač od limete 163
65. Šifon kolač od banane 166
66. Torta od šifona od bundeve 168
67. Šifonski kolač od marakuje 171
68. Šifon kolači od slatkog krumpira 174
69. Torta od šifona od marelice 177
70. Šifon kolač od maline 180
71. Šifon kolač od kokosa 182
72. Šifonski kolač od miješanog bobičastog voća 184

SLOJEVITI DESERI 186
73. Čokoladne šifonske posude 187
74. Šifon puding od limuna 189
75. Šifonska sitnica od manga i limete 191

76. Parfe torte od sira od šifona jagoda 193
77. Tiramisu od šifona 196
78. Šifon mousse od maline i bijele čokolade 199
79. Parfe od borovnice i limuna od šifona 202
80. sitnica od kokosa i ananasa 205
81. Torta od švarcvaldskog šifona 208
82. Parfe od kokosa i manga od šifona 211
83. Peach Melba Chiffon Torta Trifle 213
84. Parfe od šifona od pistacija i trešnje 216

ŠIPKE I KVADRATIĆI OD ŠIFONA 218

85. Šifonske šipke od limuna 219
86. Čokoladni kolačići od šifona 221
87. Šifon kokos kvadrati 224
88. Narančaste šipke od šifona 226
89. Šifonski kvadrati u boji jagode 228
90. Šifonske šipke boje Key Lime 230
91. Ananas šifon kvadrati 232
92. Šifonske šipke od miješanog bobičastog voća 234

KRUH OD ŠIFONA 236

93. Chiffon Banana Bread 237
94. Chiffon Lemon Bread 239
95. Kruh od šifon bundeve 241
96. Chiffon Chocolate Swirl Bread 243

KOLAČIĆI OD ŠIFONA 245

97. Šifon kolačići od limuna 246
98. Šifon kolačići s komadićima čokolade 248
99. Kolačići od šifona i badema 250
100. Kolačići od šifona i kokosa 252

ZAKLJUČAK 254

UVOD

Dobrodošli u "Elegantnu kuharicu od šifona", gdje vas pozivamo da krenete na putovanje kako biste svladali umjetnost stvaranja laganih, prozračnih i dekadentnih užitaka sa 100 izvrsnih recepata od šifona. Šifon, sa svojom nježnom teksturom i eteričnim kvalitetom, kulinarsko je čudo koje osvaja osjetila i oduševljava nepce. U ovoj kuharici slavimo eleganciju i svestranost šifona, pokazujući njegovu sposobnost pretvaranja jednostavnih sastojaka u izvanredne kreacije koje će zasigurno impresionirati i najizbirljivije ukuse.

U ovoj kuharici otkrit ćete riznicu recepata koji ističu delikatnu i luksuznu prirodu šifona. Od klasičnih kolača i pahuljastih mousseova do elegantnih pita i svilenkastih pudinga, svaki recept osmišljen je tako da prikaže jedinstvenu teksturu i profil okusa šifona, stvarajući simfoniju okusa i teksture koja će vas ostaviti da žudite za još.

Ono što izdvaja "ELEGANTNA KUHARICA OD ŠIFONA" je naglasak na preciznosti i tehnici. Pečenje šifona zahtijeva delikatnu ravnotežu sastojaka i pažljivu ruku, a ova vam kuharica pruža alate i smjernice potrebne za postizanje savršenih rezultata svaki put. Uz upute korak po korak , korisne savjete i zadivljujuće fotografije, moći ćete stvoriti zapanjujuće kreacije od šifona koje su lijepe koliko i ukusne.

U ovoj kuharici pronaći ćete praktične savjete o odabiru sastojaka, opremi za pečenje i tehnikama prezentacije koji će vam pomoći da svoje kreacije od šifona podignete na višu razinu. Bilo da pečete za posebnu prigodu, uživate u slatkim poslasticama ili jednostavno želite proširiti svoj kulinarski repertoar, "ELEGANTNA KUHARICA OD ŠIFONA" ima za svakoga ponešto za uživanje.

CUPCAKES OD ŠIFONA

1. Šifon kolačići od zmajevog voća

SASTOJCI:
- 3 žumanjka
- 25 g šećera u prahu
- 70g pirea od zmajevog voća
- 40 g kukuruznog ulja
- ¼ žličice ekstrakta vanilije
- 55 g samodizajućeg brašna
- 2 žlice kukuruznog brašna
- 3 Bjelanjka
- ⅛ žličice kreme od zubnog kamenca
- 60 g šećera u prahu

UPUTE:
a) Žumanjke i šećer pjenasto izmiješajte dok ne postanu svijetli i pjenasti. Pomiješajte pire od zmajevog voća, kukuruzno ulje i ekstrakt vanilije. Lagano umiješajte samodizajuće brašno i kukuruzno brašno.
b) U posebnoj čistoj posudi umutite bjelanjke, tartar kremu i šećer u prahu dok ne postanu pjenasti i čvrsti. Pažljivo umiješajte smjesu žumanjaka u tučeni bjelanjak dok se dobro ne sjedini.
c) Žlicom stavite tijesto u kalupe za kolače. Lagano lupkajte podloge za kolače kako biste oslobodili mjehuriće zraka.
d) Pecite u prethodno zagrijanoj pećnici na 170C 10 minuta pa smanjite temperaturu na 160C i pecite još 20-25 minuta ili dok ražnjić umetnut u tortu ne izađe čist.
e) Izvadite iz pećnice i odmah preokrenite kolač.
f) Ostavite na miru dok se potpuno ne ohladi.

2.Hokkaido kolačići od šifona

SASTOJCI:
ZA KOLAČICE:
- 3 veća bjelanjka odvojena od žumanjaka na sobnoj temperaturi
- 45 g granuliranog šećera (podijeljen na 20 grama i 25 grama)
- 35 ml ulja repice
- 60 ml mlijeka
- 70 g prosijanog brašna za kolače

ZA ŠLAG:
- 240 ml vrhnja, ohlađeno
- 25 g granuliranog šećera
- ¼ žličice ekstrakta vanilije

ZA SKUPŠTINU:
- Slastičarski šećer za posipanje

UPUTE:
ZA KOLAČICE:
a) Zagrijte pećnicu na 325F. Uzmite zdjelu i metlicu kojom ćete umutiti vrhnje i ohladite u hladnjaku.
b) Pomoću ručnog električnog miksera ili samostojećeg miksera opremljenog nastavkom za pjenjaču, pjenjačom miksajte 3 žumanjka i 20 grama šećera dok ne poprime znatno svjetliju boju (oko 8 minuta na srednjoj brzini).
c) Dodajte 35 ml ulja kanole i 60 ml mlijeka i nastavite miješati dok se potpuno ne sjedini.
d) Prebacite na malu brzinu i dodajte 70 grama brašna za kolače. Miješajte dok se ne sjedini. Staviti na stranu.
e) U posebnoj zdjeli drugom pjenjačom istucite snijeg od 3 bjelanjka. Postupno dodajte 25 grama šećera dok ne postignete čvrste vrhove.
f) Umiješajte bjelanjke u žumanjke dok se ne sjedine. Pazite da ne pretjerate da vam se bjelanjak ne ispuha.
g) Premjestite svoje tijesto u šalice za kolače dok ne budu pune do ¾ i stavite na lim za pečenje. Pecite 20 minuta ili dok vrhovi ne počnu pucati i postati mat. Čačkalica zabodena u neke od kolačića trebala bi izaći čista ili s minimalno suhih mrvica. Postavite na rešetku da se potpuno ohladi.

ZA ŠLAG:

h) Izvadite ohlađenu zdjelu i pjenjaču iz hladnjaka i miksajte sve sastojke dok ne dobijete čvrsti vrh.

ZA SKUPŠTINU:

i) Pazite da se vaši kolačići potpuno ohlade prije nego što ih napunite šlagom.
j) Prebacite svoju kremu u vrećicu za piling s vrhom po želji. Umetnite vrh u sredinu cupcakea i lagano pritisnite kako biste napunili kolačiće (osjetit ćete kako kolačići postaju pufnasti).
k) Zaustavite se čim počnete vidjeti punu predstavu na vrhu. Pospite slastičarskim šećerom.

3. Mramorni kolač od šifona

SASTOJCI:
- 3 žumanjka
- 25 g (2 žlice) granuliranog šećera za žumanjke
- 30 ml (2 žlice) biljnog ulja
- 45 ml (3 žlice) mlijeka
- 56 g (½ šalice) brašna za kolače/niskoproteinskog brašna, prosijanog
- 6 g (1 žlica) nezaslađenog kakaa u prahu, prosijanog
- 3 bjelanjka
- 25 g (2 žlice) šećera u prahu za bjelanjke
- ⅛ žličice tartara ILI ½ žličice soka od limuna (po izboru)

UPUTE:
a) U srednjoj zdjeli tucite žumanjke i šećer dok ne postanu kremasti i posvijetle.
b) Dodajte mlijeko, ulje i brašno. Temeljito promiješajte.
c) Odvojite polovicu tijesta u drugu srednju zdjelu. U jednu dodajte kakao prah i miješajte dok se ne sjedini.
d) Istucite bjelanjak u čistoj srednjoj zdjeli dok ne postane pjenast. Dodajte kremu od tartara ili sok od limuna ako koristite (po izboru). Bilo koji od ovih kiselih sastojaka pomoći će stabilizirati tučeni bjelanjak.
e) S uključenim mikserom postepeno dodavati šećer dok miješate. Tucite dok ne postane čvrst.
f) Dodajte ¼ tučenog bjelanjka/beza u tijesto bez čokolade. Dobro izmiješajte pjenjačom ili silikonskom lopaticom.
g) Dodajte još ¼ meringue i sada želimo polako miješati bez ispuhivanja tijesta. Pretjerano miješanje ili snažno miješanje može rezultirati nepahuljastim gustim kolačem. Pažljivo preklopite tijesto dok se veći dio bjelanjaka više ne vidi.
h) Dodajte ¼ meringue u čokoladno tijesto. Temeljito promiješajte. Zatim dodajte ostatak meringue i opet pažljivo miješajte dok se ne sjedini.
i) Pleh za kolače obložite papirnatim čašama. Zatim naizmjenično dodajte čokoladno i nečokoladno tijesto u svaku šalicu dok se ne napuni, ostavljajući oko 1 cm od vrha.
j) Ukrasite vrh mramornim uzorkom koji vam se sviđa. Dodajte tri točkice različitih boja na vrh. Zatim čačkalicom povucite kroz svaku točku jednim kontinuiranim okruglim potezom.
k) Pecite u prethodno zagrijanoj pećnici na 340°F ili 170°C 20 minuta ili dok čačkalica zabodena u sredinu ne izađe čista.

4.Šifon kolačići od limuna

SASTOJCI:
KOLAČIĆI:
- 1 limun, podijeljen
- ¾ šalice (175 mL) brašna za kolače (nemojte koristiti višenamjensko brašno)
- ½ šalice (125 mL) šećera, podijeljeno
- ¾ žličice (4 mL) praška za pecivo
- ¼ žličice (1 mL) soli
- 2 velika žumanjka
- ¼ šalice (50 ml) vode
- 2 ½ žlice (37 mL) ulja kanole
- 1 žlica (15 mL) ekstrakta limuna
- 4 velika bjelanjka sobne temperature
- ½ šalice (125 mL) pripremljenog lemon curda

MIRINGUE GLAZUR:
- 3 veća bjelanjka
- ¼ žličice (1 mL) kreme od zubnog kamenca
- ½ šalice (125 ml) šećera
- 1 žličica (5 mL) ekstrakta limuna

UPUTE:
a) Zagrijte pećnicu na 325°F (160°C). Stavite papirnate podloge u udubljenja kalupa za muffine.
b) Pomoću podesivog finog ribeža Microplane® ogulite koricu limuna na 1 ½ žlice (22 mL); odvojite ½ žlice (7 mL) korice za ukrašavanje.
c) U nehrđajućoj posudi za miješanje (2-qt./ 2-L) pomiješajte brašno, ¼ šalice (50 mL) šećera, prašak za pecivo, sol i preostalu 1 žlicu (15 mL) korice ; dobro umutiti nehrđajućom pjenjačom.
d) U posudi za miješanje od nehrđajućeg čelika (6-qt./ 6-L) pomiješajte žumanjke, vodu, ulje i ekstrakt ; tucite na srednjoj brzini električnog ručnog miksera dok se dobro ne sjedini. Dodajte suhe sastojke; tucite na srednjoj brzini dok ne postane glatko.
e) U posudi za miješanje od nehrđajućeg čelika (4-qt ./ 4-L) i koristeći čiste mješalice, tucite bjelanjke velikom brzinom dok se ne formiraju mekani vrhovi, oko 1 minutu. Uz neprekidno mućenje, postupno dodajte preostalu ¼ šalice (50 mL) šećera u vrlo sporom,

ravnomjernom mlazu. Nastavite tući 3-4 minute ili dok se šećer ne otopi i dok se ne stvore čvrsti vrhovi. Umiješajte jednu četvrtinu meringuea u tijesto koristeći Small Mix 'N Scraper®; nježno umiješajte preostali meringue.

f) Koristeći veliku lopaticu, ravnomjerno podijelite tijesto među obloge; pecite 12-15 minuta ili dok drveni kramp umetnut u sredinu ne izađe čist. Izvadite posudu iz pećnice na stalak za hlađenje koji se može složiti. Izvadite kolače iz kalupa; potpuno ohladiti.

g) Za sastavljanje kolačića, žlicom stavljajte lemon curd u dekorator sa zatvorenim zvjezdastim vrhom.

h) Lagano utisnite dekorator u sredinu svakog kolačića i ulijte malu količinu skute (oko 2 žličice/10 ml). Frost cupcakes; pospite sačuvanom limunovom koricom.

MIRINGUE GLAZUR:

i) U čistoj posudi za miješanje istucite bjelanjke dok ne postanu pjenasti.

j) Dodajte kremu od tartara (ili limunov sok ako koristite) i nastavite tući.

k) Postupno dodajte šećer dok ne dobijete čvrste vrhove.

l) Umiješajte ekstrakt limuna.

5.Čokoladni kolačići od šifona

SASTOJCI:
- 1 1/2 šalice brašna za kolače
- 1/2 šalice nezaslađenog kakaa, plus 1 žlica nezaslađenog kakaa
- 1 žličica praška za pecivo
- 1/4 žličice sode bikarbone
- 1/2 žličice soli
- 4 velika jaja, odvojena
- 3/4 šalice biljnog ulja
- 3/4 šalice šećera, plus 2 žlice šećera

UPUTE:
a) Prosijte brašno za kolače, kakao, prašak za pecivo, sodu bikarbonu i sol u veliku zdjelu i ostavite sa strane.
b) Umutite žumanjke, ulje i ⅓ šalice vode dok se ne sjedine. Umutiti ¾ šalice šećera. Dodajte smjesi brašna i miješajte dok se dobro ne sjedini.
c) Bjelanjke pjenasto istucite. Postupno dodajte preostale 2 žlice šećera, tukući samo dok se ne formiraju mekani vrhovi. Dodajte smjesu od bjelanjaka u tijesto i miješajte dok se ne ujednači.
d) Napunite papirom obložene ili maslacem kalupe za muffine (kapaciteta ⅓ šalice) otprilike tri četvrtine tijestom (oko ¼ šalice u svakom).
e) Pecite u pećnici zagrijanoj na 325°F dok se vrhovi ne pomaknu kad se lagano dodirnu središte, 20 do 25 minuta. Ohladite na rešetkama 5 minuta; izvadite iz posuda. Potpuno ohladiti.
f) Mraz sa svojom omiljenom glazurom.

6.Šifon kolačići od kolača s jagodama

SASTOJCI:
KOLAČIĆI:
- ⅞ šalice brašna za kolače
- 6 žlica granuliranog šećera
- 1 žličica praška za pecivo
- ⅛ žličice soli
- 4 velika žumanjka
- ¼ šalice biljnog ulja
- ⅓ šalice vode
- ½ žličice ekstrakta vanilije
- 3 velika bjelanjka sobne temperature
- 3/16 žličice tartar kreme
- ¼ šalice granuliranog šećera

PUNJENJE:
- 2½ šalice nasjeckanih jagoda
- 2½ žlice granuliranog šećera
- 1¼ žlice kukuruznog škroba
- 1¼ žlice vode

PRELJEV:
- 2 šalice gustog vrhnja, hladno
- 1 žličica ekstrakta vanilije
- 2 žlice šećera u prahu

UPUTE:
KOLAČIĆI:
a) Zagrijte pećnicu na 350°F. Kalupe za kolače obložite papirnatim podlogama ili pošpricajte sprejom za pečenje. Staviti na stranu.
b) U veliku zdjelu prosijte brašno, 6 žlica šećera, prašak za pecivo i sol. Staviti na stranu.
c) U maloj zdjeli pjenasto izmiješajte žumanjke, ulje, vodu i vaniliju. Staviti na stranu.
d) Električnom miješalicom s nastavkom za pjenjaču umutite bjelanjke i tartar dok ne postanu pjenasti. Uspite ¼ šalice šećera dok nastavljate miješati. Umutiti u čvrsti vrh. Staviti na stranu.
e) Prelijte mokre sastojke preko suhih i miješajte dok ne postane glatko.

f) Složiti meringue.
g) Upotrijebite lopaticu za kekse od 3 žlice da rasporedite tijesto u pripremljene kalupe.
h) Pecite 18-20 minuta dok ne porumene. Ostaviti sa strane da se ohladi.

PUNJENJE:
i) Pomiješajte sve sastojke u srednje velikoj tavi.
j) Kuhajte i miješajte na srednje niskoj vatri dok se šećer ne otopi i smjesa postane gusta, oko 2-3 minute.
k) Ostaviti sa strane da se ohladi.

CHANTILLY KREMA:
l) Pomiješajte sve sastojke u srednjoj zdjeli.
m) Umutite električnim mikserom opremljenim nastavkom za mućenje do srednje čvrstih vrhova.

SKUPŠTINA:
n) Jezgra kolačića.
o) Svaki cupcake punite sa 1 žlicom nadjeva.
p) Zamijenite vrhove kolačića.
q) Izlupajte ili premažite Chantilly kremom na vrh.

7.Šifon kolačići s cvijetom naranče

SASTOJCI:
- 4 velika jaja, odvojena
- 1/2 šalice granuliranog šećera
- 1/4 šalice biljnog ulja
- 1/4 šalice svježe iscijeđenog soka od naranče
- 1 žlica narančine korice
- 1 žličica vode od narančinog cvijeta
- 1 šalica brašna za kolače
- 1 žličica praška za pecivo
- 1/4 žličice soli

UPUTE:
a) Zagrijte pećnicu na 325°F (160°C). Kalup za muffine obložite kalupima za kolače.
b) U velikoj zdjeli za miješanje tucite žumanjke s polovicom šećera dok ne postanu blijedi i gusti. Postupno dodajte biljno ulje, narančin sok, narančinu koricu i vodu od narančinog cvijeta, miješajući dok se dobro ne sjedini.
c) U posebnu zdjelu prosijte brašno za kolače, prašak za pecivo i sol.
d) Postupno dodajte suhe sastojke mokrim sastojcima, miksajući dok smjesa ne postane glatka i dobro spojena.
e) U drugoj čistoj posudi za miješanje istucite bjelanjke dok ne postanu pjenasti. Postupno dodajte preostali šećer i nastavite tući dok se ne formiraju čvrsti vrhovi.
f) Nježno umiješajte tučene bjelanjke u tijesto dok ne ostanu tragovi.
g) Ravnomjerno podijelite tijesto među kalupe za kolače, puneći svaki otprilike do dvije trećine.
h) Pecite 15-18 minuta ili dok čačkalica zabodena u sredinu kolačića ne izađe čista.
i) Izvadite iz pećnice i pustite kolačiće da se ohlade u kalupu nekoliko minuta prije nego što ih prebacite na rešetku da se potpuno ohlade.
j) Kada se ohlade, kolačiće po želji možete posuti šećerom u prahu ili ih nadjenuti šlagom i komadićima svježe naranče za ukras.

8.Šifon kolačići od Matcha zelenog čaja

SASTOJCI:
- 4 velika jaja, odvojena
- 1/2 šalice granuliranog šećera
- 1/4 šalice biljnog ulja
- 1/4 šalice mlijeka
- 1 žličica ekstrakta vanilije
- 2 žlice matcha zelenog čaja u prahu
- 1 šalica brašna za kolače
- 1 žličica praška za pecivo
- 1/4 žličice soli

UPUTE:
a) Zagrijte pećnicu na 325°F (160°C). Kalup za muffine obložite kalupima za kolače.
b) U velikoj zdjeli za miješanje tucite žumanjke s polovicom šećera dok ne postanu blijedi i gusti. Postupno dodajte biljno ulje, mlijeko i ekstrakt vanilije, miješajući dok se dobro ne sjedini.
c) Prosijte prah matcha zelenog čaja u mokre sastojke i miješajte dok se ne ujednači.
d) U posebnu zdjelu prosijte brašno za kolače, prašak za pecivo i sol.
e) Postupno dodajte suhe sastojke mokrim sastojcima, miksajući dok smjesa ne postane glatka i dobro spojena.
f) U drugoj čistoj posudi za miješanje istucite bjelanjke dok ne postanu pjenasti. Postupno dodajte preostali šećer i nastavite tući dok se ne formiraju čvrsti vrhovi.
g) Nježno umiješajte tučene bjelanjke u tijesto dok ne ostanu tragovi.
h) Ravnomjerno podijelite tijesto među kalupe za kolače, puneći svaki otprilike do dvije trećine.
i) Pecite 15-18 minuta ili dok čačkalica zabodena u sredinu kolačića ne izađe čista.
j) Izvadite iz pećnice i pustite kolačiće da se ohlade u kalupu nekoliko minuta prije nego što ih prebacite na rešetku da se potpuno ohlade.
k) Kada se ohlade, kolačiće po želji možete posuti matcha prahom ili ih preliti tučenim vrhnjem s okusom matche za ukras.

9.Šifon kolačići od kokosa

SASTOJCI:
- 4 velika jaja, odvojena
- 1/2 šalice granuliranog šećera
- 1/4 šalice biljnog ulja
- 1/4 šalice kokosovog mlijeka
- 1 žličica ekstrakta vanilije
- 1/2 šalice naribanog kokosa
- 1 šalica brašna za kolače
- 1 žličica praška za pecivo
- 1/4 žličice soli

UPUTE:
a) Zagrijte pećnicu na 325°F (160°C). Kalup za muffine obložite kalupima za kolače.
b) U velikoj zdjeli za miješanje tucite žumanjke s polovicom šećera dok ne postanu blijedi i gusti. Postupno dodajte biljno ulje, kokosovo mlijeko i ekstrakt vanilije, miješajući dok se dobro ne sjedini.
c) Umiješajte nasjeckani kokos dok se ravnomjerno ne rasporedi.
d) U posebnu zdjelu prosijte brašno za kolače, prašak za pecivo i sol.
e) Postupno dodajte suhe sastojke mokrim sastojcima, miksajući dok smjesa ne postane glatka i dobro spojena.
f) U drugoj čistoj posudi za miješanje istucite bjelanjke dok ne postanu pjenasti. Postupno dodajte preostali šećer i nastavite tući dok se ne formiraju čvrsti vrhovi.
g) Nježno umiješajte tučene bjelanjke u tijesto dok ne ostanu tragovi.
h) Ravnomjerno podijelite tijesto među kalupe za kolače, puneći svaki otprilike do dvije trećine.
i) Pecite 15-18 minuta ili dok čačkalica zabodena u sredinu cupcakea ne izađe čista.
j) Izvadite iz pećnice i pustite kolačiće da se ohlade u kalupu nekoliko minuta prije nego što ih prebacite na rešetku da se potpuno ohlade.
k) Kada se ohlade, kolačiće po želji možete nadjenuti šlagom od kokosa i prženim kokosovim pahuljicama za ukras.

10.Šifon kolačići od mahune vanilije

SASTOJCI:
- 4 velika jaja, odvojena
- 1/2 šalice granuliranog šećera
- 1/4 šalice biljnog ulja
- 1/4 šalice mlijeka
- 1 žličica ekstrakta vanilije
- Sjemenke iz 1 mahune vanilije
- 1 šalica brašna za kolače
- 1 žličica praška za pecivo
- 1/4 žličice soli

UPUTE:
a) Zagrijte pećnicu na 325°F (160°C). Kalup za muffine obložite kalupima za kolače.
b) U velikoj zdjeli za miješanje tucite žumanjke s polovicom šećera dok ne postanu blijedi i gusti. Postupno dodajte biljno ulje, mlijeko, ekstrakt vanilije i sjemenke mahune vanilije, miješajući dok se dobro ne sjedini.
c) U posebnu zdjelu prosijte brašno za kolače, prašak za pecivo i sol.
d) Postupno dodajte suhe sastojke mokrim sastojcima, miksajući dok smjesa ne postane glatka i dobro spojena.
e) U drugoj čistoj posudi za miješanje istucite bjelanjke dok ne postanu pjenasti. Postupno dodajte preostali šećer i nastavite tući dok se ne formiraju čvrsti vrhovi.
f) Nježno umiješajte tučene bjelanjke u tijesto dok ne ostanu tragovi.
g) Ravnomjerno podijelite tijesto među kalupe za kolače, puneći svaki otprilike do dvije trećine.
h) Pecite 15-18 minuta ili dok čačkalica zabodena u sredinu kolačića ne izađe čista.

11. Šifon kolačići od lavande i meda

SASTOJCI:
- 1 1/2 šalice brašna za kolače
- 1 šalica granuliranog šećera
- 1 1/2 žličice praška za pecivo
- 1/2 žličice soli
- 1/2 šalice biljnog ulja
- 5 većih žumanjaka
- 3/4 šalice punomasnog mlijeka
- 1 žlica osušenih kulinarskih cvjetova lavande
- 1/4 šalice meda
- 5 većih bjelanjaka
- 1/4 žličice tartar kreme

UPUTE:
a) Zagrijte pećnicu na 325°F (160°C). Kalupe za muffine obložite podlogama za kolače.
b) U manjoj posudi zagrijte mlijeko dok se ne zagrije. Maknite s vatre i dodajte suhe cvjetove lavande. Pustite da se strmi 10-15 minuta, zatim procijedite mlijeko kako biste uklonili lavandu.
c) U velikoj posudi za miješanje pomiješajte brašno za kolače, šećer, prašak za pecivo i sol.
d) Napravite udubinu u sredini suhih sastojaka i dodajte biljno ulje, žumanjke, mlijeko s dodatkom lavande i med. Miksajte dok ne postane glatko.
e) U zasebnoj čistoj zdjeli za miješanje tucite bjelanjke i tartar dok se ne stvore čvrsti snijeg.
f) Nježno umiješajte tučene bjelanjke u tijesto dok se ne sjedine.
g) Ravnomjerno podijelite tijesto među pripremljene kalupe za kolače, puneći svaki otprilike do 3/4.
h) Pecite 18-20 minuta ili dok čačkalica zabodena u sredinu ne izađe čista.
i) Izvadite iz pećnice i ostavite kolačiće da se potpuno ohlade na rešetki prije posluživanja.

12. Šifon kolačići od ružine vode i pistacija

SASTOJCI:
- 1 1/2 šalice brašna za kolače
- 1 šalica granuliranog šećera
- 1 1/2 žličice praška za pecivo
- 1/2 žličice soli
- 1/2 šalice biljnog ulja
- 5 većih žumanjaka
- 3/4 šalice punomasnog mlijeka
- 1/2 šalice oljuštenih pistacija, sitno mljevenih
- 1 žličica ružine vodice
- 5 većih bjelanjaka
- 1/4 žličice tartar kreme

UPUTE:
a) Zagrijte pećnicu na 325°F (160°C). Kalupe za muffine obložite podlogama za kolače.
b) U procesoru hrane izmiksajte pistacije bez ljuske dok se ne samelju.
c) U velikoj zdjeli za miješanje pjenasto pomiješajte brašno za kolače, šećer, prašak za pecivo, sol i mljevene pistacije.
d) Napravite udubinu u sredini suhih sastojaka i dodajte biljno ulje, žumanjke, punomasno mlijeko i ružinu vodicu. Miksajte dok ne postane glatko.
e) U zasebnoj čistoj zdjeli za miješanje tucite bjelanjke i tartar dok se ne stvore čvrsti snijeg.
f) Nježno umiješajte tučene bjelanjke u tijesto dok se ne sjedine.
g) Ravnomjerno podijelite tijesto među pripremljene kalupe za kolače, puneći svaki otprilike do 3/4.
h) Pecite 18-20 minuta ili dok čačkalica zabodena u sredinu ne izađe čista.
i) Izvadite iz pećnice i ostavite kolačiće da se potpuno ohlade na rešetki prije posluživanja.

13. Šifon kolačići Earl Grey Tea

SASTOJCI:
- 1 1/2 šalice brašna za kolače
- 1 šalica granuliranog šećera
- 1 1/2 žličice praška za pecivo
- 1/2 žličice soli
- 1/2 šalice biljnog ulja
- 5 većih žumanjaka
- 3/4 šalice punomasnog mlijeka
- 2 jušne žlice listova čaja Earl Grey u rastresitom stanju
- 5 većih bjelanjaka
- 1/4 žličice tartar kreme

UPUTE:
a) Zagrijte pećnicu na 325°F (160°C). Kalupe za muffine obložite podlogama za kolače.
b) U manjoj posudi zagrijte mlijeko dok se ne zagrije. Maknite s vatre i dodajte rastresite listove čaja Earl Grey . Pustite da se strmi 10-15 minuta, zatim procijedite mlijeko kako biste uklonili listiće čaja.
c) U velikoj posudi za miješanje pomiješajte brašno za kolače, šećer, prašak za pecivo i sol.
d) Napravite udubljenje u sredini suhih sastojaka i dodajte biljno ulje, žumanjke, mlijeko s dodatkom Earl Greya. Miksajte dok ne postane glatko.
e) U zasebnoj čistoj zdjeli za miješanje tucite bjelanjke i tartar dok se ne stvore čvrsti snijeg.
f) Nježno umiješajte tučene bjelanjke u tijesto dok se ne sjedine.
g) Ravnomjerno podijelite tijesto među pripremljene kalupe za kolače, puneći svaki otprilike do 3/4.
h) Pecite 18-20 minuta ili dok čačkalica zabodena u sredinu ne izađe čista.
i) Izvadite iz pećnice i ostavite kolačiće da se potpuno ohlade na rešetki prije posluživanja.

PITE OD ŠIFONA

14. Šifon pita od malina

SASTOJCI:
- 1 kora za pitu
- 2 šalice gustog vrhnja
- 6 unci krem sira, omekšali
- 2 žličice ekstrakta vanilije
- 10 unci voćnog namaza od maline
- Maline (po želji, za ukras)
- Listići mente (po želji, za ukras)

UPUTE:
a) Zagrijte pećnicu na 375°F. Razvaljajte tijesto na krug od 11" i obložite tanjur za pitu od 9". Obrežite i izgladite rubove; izbodite vilicom dno i stranice. Pecite 15 minuta ili dok ne porumene. Potpuno ohladite na rešetki.
b) U maloj zdjeli tucite vrhnje na visokoj razini dok se ne formiraju čvrsti vrhovi; Staviti na stranu.
c) U srednjoj zdjeli pomiješajte krem sir i vaniliju; tucite dok ne postane svijetlo i pahuljasto. Umiješajte voćni namaz od malina, često stružući stijenke zdjele.
d) Ostavite ½ šalice šlaga za ukras; preostalo vrhnje za šlag umiješajte u smjesu od krem sira dok ne ostanu bijele pruge.
e) Smjesu ravnomjerno rasporedi u ohladjenu koru za pitu. Ohladite najmanje 2 sata.
f) Neposredno prije posluživanja žlicom po rubu pite rasporedite odvojeni šlag.
g) Po želji ukrasite malinama i listićima svježe mente.

15. Šifon pita od jabuka i cimeta

Izrađuje: 1 porciju

SASTOJCI:
- 3 jaja, odvojena
- ¼ šalice vode
- 1 Env Želatina bez okusa
- 2 žlice crvenih bombona s cimetom
- 1½ šalice umaka od jabuka
- 2 žlice šećera
- Kora za pitu od 19 inča, pečena

UPUTE:
a) U loncu srednje veličine umutiti žumanjke s vodom. Uspite želatinu u lonac i ostavite stajati 1 min. Dodajte bombone i kašu od jabuka.
b) Miješajte na laganoj vatri dok se želatina ne otopi, oko 5 min. Ulijte u veliku zdjelu i ohladite, povremeno miješajući, dok se smjesa malo ne skupi kada padne sa žlice.
c) U velikoj zdjeli tucite bjelanjke dok ne postanu mekani; postupno dodajte šećer i tucite dok ne postane čvrst. Umiješajte u smjesu želatine. Okrenite u pripremljenu koru i ohladite dok ne postane čvrsta.

16. Pita od šifona od crne trešnje

SASTOJCI:
- 2 konzerve (1 funta) crnih trešanja bez koštica
- 1 žličica želatine bez okusa
- 4 jaja, odvojena
- ¼ žličice soli
- ½ šalice šećera
- 1 žličica soka od limuna
- Pečeno pecivo od 9 inča ili kora s mrvicama
- Prženi bademi za ukras

UPUTE:
a) Crne trešnje ocijedite i nasjeckajte, a sok ostavite. Omekšajte želatinu u ¼ šalice soka od višanja.
b) U zdjeli istucite žumanjke, šećer, sol, limunov sok i ½ šalice soka od višanja. Miješajte smjesu nad kipućom vodom dok se ne zgusne.
c) Umiješajte omekšalu želatinu i nasjeckane višnje. Ohladite smjesu dok ne postane gusta i sirupasta.
d) U posebnoj zdjeli tucite bjelanjke dok se ne stvore čvrsti snijeg. Nježno umiješajte tučene bjelanjke u smjesu od višanja.
e) Sjedinjenu smjesu izlijte u pečeno tijesto ili koru od mrvica.
f) Ohladite pitu dok ne postane čvrsta, otprilike 3 sata.
g) Pitu poslužite ukrašenu prženim bademima.

17. Butterscotch pita od šifona

SASTOJCI:
- 1 žlica želatine bez okusa
- ¼ šalice hladne vode
- 3 jaja; odvojeni
- 1 šalica smeđeg šećera
- ¼ žličice soli
- 1 šalica kiselog mlijeka
- 1 žličica vanilije
- 1½ šalice gustog vrhnja; podijeljena
- 9-inčni kora za pečenu pitu; ILI Kora od mrvica od oraha (vidi dolje)

KORE OD MRVICA OD ORAHA:
- 1 šalica mljevenih oraha
- 1 žličica šećera
- ¼ šalice mrvica vafla od vanilije

UPUTE:
a) Želatinu omekšati u vodi.
b) U gustom loncu pomiješajte dobro umućene žumanjke sa smeđim šećerom, soli i mlijekom. Kuhajte smjesu uz stalno miješanje dok se malo ne zgusne.
c) U smjesu dodajte omekšalu želatinu i miješajte dok se ne otopi. Ohladite smjesu dok se ne zgusne.
d) Istucite čvrsti snijeg od bjelanjaka, ali ne i suh. U ohlađenu želatinu umiješajte snijeg od vanilije i bjelanjaka.
e) Dodajte 1 šalicu tučenog vrhnja u smjesu. Sjedinjenu smjesu pretvorite u koru pečene pite.
f) Ohladite pitu nekoliko sati.
g) Kad ste spremni za posluživanje, umutite preostalih ½ šalice gustog vrhnja dok ne postane čvrst. Rub pite ukrasite komadićima šlaga.

KORE OD MRVICA OD ORAHA:
h) U zdjeli izmiksajte mljevene orahe sa šećerom i mrvicama vanilin oblatne.
i) Smjesu čvrsto pritisnite na dno i stranice kalupa za pite od 9 inča.

18. Pita od pekmeza od šifona

SASTOJCI:
- 1½ do 2 šalice ostatka od pravljenja džema
- 12 unci Cool Whip ili ekvivalent
- 1 kora Graham krekera
- Voće iz pekmeza (za ukras)

UPUTE:
a) Pomiješajte ohlađeni šlag od pekmeza i karton Cool Whipa.
b) Ulijte smjesu u koru graham krekera.
c) Ukrasite pitu sa malo voća od kojeg je napravljen džem .
d) Ohladite pitu 2 sata.
e) Poslužite i uživajte.

19. Šifon pita od bundeve

SASTOJCI:
- 1 omotnica Knox želatine bez okusa
- ¾ šalice tamno smeđeg šećera, čvrsto pakiran
- ½ žličice soli
- ½ žličice muškatnog oraščića
- 1 žličica cimeta
- ½ šalice mlijeka
- ¼ šalice vode
- 3 žumanjka
- 1½ šalice konzervirane bundeve
- 3 bjelanca, čvrsto istučena
- ¼ šalice šećera
- 1 pečena kora za pitu od 9 inča

UPUTE:
a) U vrhu kuhala za paru pomiješajte prvih 5 sastojaka.
b) Umiješajte mlijeko, vodu, žumanjke i bundevu iz konzerve. Dobro promiješajte.
c) Stavite iznad kipuće vode. Kuhajte, neprestano miješajući, dok se želatina ne otopi i smjesa se zagrije, oko 10 minuta.
d) Maknite s vatre. Ohladite dok se smjesa ne skupi kada padne sa žlice.
e) Bjelanjke istucite u čvrsti snijeg pa ih umiješajte u šećer. Smjesu bjelanjaka umiješajte u ohlađenu želatinu.
f) Kombiniranu smjesu pretvorite u pečenu koru za pitu od 9 inča.
g) Za koru za pitu od 9 inča: razvaljajte krug tijesta od 12 inča na kvadrat Kaiser folije za pečenje od 14 inča. Podignite foliju i tijesto u tanjur za pitu, nježno prislonite na tanjur i ulubite obod tijesta. Izbodite dno i stranice tijesta. Pecite 10 minuta na 450°F ili dok ne postanu ravnomjerno smeđi (folija sprječava pretjerano tamnjenje). Cool.
h) Ubacite nadjev u koru, labavo zamotajte u foliju i ostavite u hladnjaku preko noći.
i) Poslužite ohlađeno, a po želji ukrasite šlagom.
j) Uživajte u svojoj laganoj i slasnoj šifon piti od bundeve! Savršen za blagdanski desert nakon obilne večere.

20. Pita od šifona od jaja

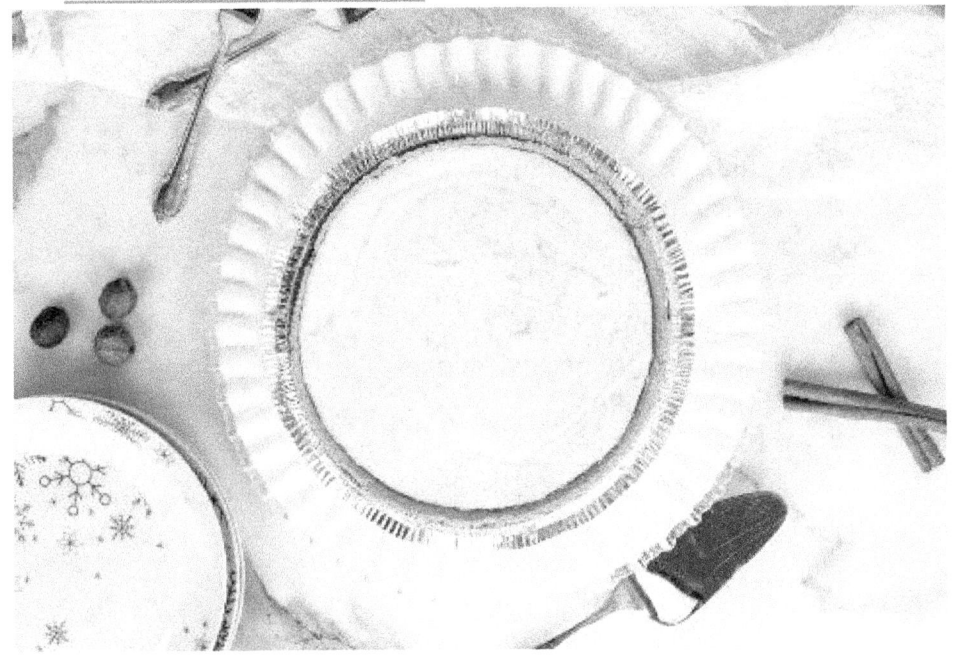

SASTOJCI:
- Pečena kora od tijesta
- ¼ šalice šećera
- 1 omotnica želatine bez okusa
- 1½ šalice mliječnog likera od jaja
- 2 Žumanjka malo umućena
- ¼ šalice ruma
- 2 bjelanca
- 2 žlice šećera
- ¾ šalice vrhnja za šlag
- Filigran od karamele (vidi dolje)

KARAMELA FILIGRAN:
- ½ šalice šećera

UPUTE:
a) Za nadjev, u srednje velikoj posudi, pomiješajte šećer i želatinu. Dodajte liker od jaja i žumanjke. Kuhajte i miješajte dok se šećer i želatina ne otope, a smjesa malo zgusne i zapuhne.
b) Ohladite 10 minuta; umiješajte rum. Ohladite do konzistencije kukuruznog sirupa, povremeno miješajući. Izvadite iz hladnjaka; ostavite stajati dok se djelomično ne stegne (konzistencija netučenih bjelanjaka).
c) U velikoj zdjeli miksera tucite bjelanjke dok ne dobiju mekane vrhove (vrhovi se uvijaju). Postupno dodajte preostale 2 žlice šećera, tukući dok se ne formiraju čvrsti vrhovi (vrhovi stoje ravno).
d) Bjelanjke umiješajte u smjesu sa želatinom. Tucite vrhnje za šlag dok ne dobijete meke vrhove. Umiješajte vrhnje u smjesu od jaja.
e) Ohladite dok se smjesa ne skupi kad se uzme žlicom; naslagati u koru pečenog tijesta. Ohladite nekoliko sati ili dok se ne stegne.
f) Oko 1 sat prije posluživanja pripremite karamel filigran.

KARAMELA FILIGRAN:
g) U teškoj tavi od 1 litre zagrijte ½ šalice šećera na srednje niskoj temperaturi bez miješanja.
h) Kad se šećer počne topiti, zagrijavajte i neprestano miješajte dok smjesa ne bude gotovo srednje boje karamele (sirup će potamniti nakon što ga maknete s vatre).
i) Umiješajte nekoliko kapi vruće vode. Pustite da odstoji 1 minutu.
j) Koristeći žlicu, brzo posipajte karamelizirani šećer po vrhu pite dok se ne stvori mreža karamele.

21. Voćni koktel pita od šifona

SASTOJCI:
- 1 pakiranje (8 unci) Philadelphia nemasnog krem sira
- 1 pakiranje (4 porcije) Jell-O mješavine instant pudinga od vanilije bez šećera
- ⅓ šalice Carnation nemasnog suhog mlijeka u prahu
- 1 šalica vode
- 1 šalica Cool Whip Lite
- 1 limenka (16 unci) voćnog koktela, upakirana u sok, ocijeđena
- 1 Keebler graham kreker kora za pitu od 6 unci

UPUTE:
a) U velikoj zdjeli za miješanje žlicom miješajte krem sir dok ne omekša.
b) Dodajte suhu smjesu za puding, suho mlijeko u prahu i vodu. Dobro izmiješajte žičanom pjenjačom.
c) Složite ½ šalice Cool Whip Lite.
d) Dodajte ocijeđeni voćni koktel. Lagano izmiješajte da se sjedini.
e) Ulijte smjesu u koru za pitu od graham krekera.
f) Stavite u hladnjak do posluživanja.
g) Prilikom posluživanja svaki komad prelijte 1 žlicom Cool Whip Litea.
h) Uživajte u svom laganom i divnom voćnom koktelu od šifonske pite!

22. Pita od šifona Guava

SASTOJCI:
LISTUSTI KOLICA:
- 1 šalica brašna
- ¼ žličice soli
- ¼ šalice masti
- ¼ šalice maslaca (hladnog)
- Hladna voda (po potrebi)

PUNJENJE:
- 1 omotnica želatine bez okusa
- 1 žlica soka od limuna
- 4 jaja; odvojeni
- 1 šalica soka od guave
- ¾ šalice šećera
- Nekoliko kapi crvene prehrambene boje
- ⅛ žličice kreme od zubnog kamenca

PRELJEV:
- Zaslađeno vrhnje za šlag
- Kriške guave

UPUTE:
LISTUSTI KOLICA:
a) Pomiješajte brašno i sol. Narežite mast i maslac dok grudice ne budu veličine graška.
b) Dodajte vodu i miješajte dok smjesa ne postane vlažna . Utisnite u kuglu i ohladite 45 minuta.
c) Razvaljajte na pobrašnjenoj dasci s dobro pobrašnjenim ili kalupom obloženim valjkom. Pažljivo premjestite tijesto na tanjir za pite od 9 inča. Pierce je sav s vilicom.
d) Pecite na 400°F 15 minuta. Cool.

PUNJENJE:
e) Omekšati želatinu u soku od limuna i ostaviti sa strane.
f) U loncu pomiješajte žumanjke, sok od guave i ½ šalice šećera. Dodajte nekoliko kapi crvene prehrambene boje.
g) Kuhajte i miješajte na srednjoj vatri dok se smjesa ne zgusne.
h) Dodajte smjesu želatine i miješajte dok se ne otopi. Smjesu ohladite dok ne dobije konzistenciju netučenih bjelanjaka.
i) Tucite bjelanjke i tartar dok ne dobijete mekane vrhove. Postupno dodajte ¼ šalice šećera i tucite dok se ne formiraju čvrsti vrhovi.
j) Umiješajte smjesu želatine i ulijte u koru pečenog tijesta. Ohladite se.

PRELJEV:
k) Odozgo premazati tučenim slatkim vrhnjem.
l) Ukrasite kriškama guave.
m) Uživajte u svojoj osvježavajućoj piti od guava šifona!

23. Šifon pita od ključne limete

SASTOJCI:
KOKOSOVA LJUSKA:
- 2 šalice naribanog kokosa, prženog
- ¼ šalice smeđeg šećera
- ½ šalice maslaca, otopljenog

SIRUP ZA PUNJENJE:
- ⅓ šalice rezerviranog sirupa od limete
- 1 paket želatine bez okusa
- ⅓ šalice svježeg soka od limete
- ½ šalice šećera, podijeljeno
- 2 jaja, odvojena
- 1 šalica vode
- ½ šalice šećera
- ¼ šalice kore limete (korica), sitno narezanih trakica
- 5 kapi prehrambene boje (zelene), po želji

KREMA:
- 1 šalica vrhnja za šlag
- 1 žličica vanilije

UPUTE:
KOKOSOVA LJUSKA:
a) U zdjeli pomiješajte nasjeckani kokos, smeđi šećer i otopljeni maslac.
b) Čvrsto utisnite smjesu u podmazan tanjur za pitu od 9 inča (20 cm). Ohladite dok se ne stegne.

NAPRAVITI SIRUP:
c) U loncu pomiješajte vodu i šećer. Zagrijati da zakuha.
d) Umiješajte koricu limete i pirjajte 30 minuta. Procijedite, sačuvajte sirup i koricu limete.

ZA PUNJENJE:
e) Zagrijte ⅓ šalice (75 ml) sirupa u loncu.
f) Maknite tavu s vatre i pospite želatinom, pustite da omekša 1 minutu. Zatim umiješajte sok limete, ¼ šalice (50 ml) šećera, 2 žumanjka i prehrambenu boju po želji.
g) Stavite na laganu vatru, neprestano miješajući dok smjesa ne postane gusta i pjenasta, oko 5 minuta.

h) Maknite s vatre i ohladite na sobnu temperaturu.
i) Istucite bjelanjke i 2 žlice (25 ml) preostalog šećera dok ne dobijete čvrsti snijeg.
j) Smjesu kreme od limete umiješajte u snijeg od bjelanjaka.
k) Istucite vrhnje za šlag s preostale 2 žlice (25 ml) šećera i ukrasite sačuvanom kandiranom koricom limete.
l) Ohladite nekoliko sati prije posluživanja.
m) Uživajte u svojoj osvježavajućoj i pikantnoj šifon piti od limete!

24. Šifon pita od makadamije

SASTOJCI:
- 1½ šalice sitno nasjeckanih oraha makadamije
- ¼ šalice hladne vode
- 2 žličice želatine bez okusa
- 4 žumanjka
- ½ šalice šećera
- ½ šalice kipuće vode
- 5 žlica tamnog ruma
- 1 žličica limunove korice
- 4 bjelanca
- Prstohvat soli
- 1 kora za pitu, kratka kora, 10"
- ½ šalice guste kreme, ohlađene
- 2 žlice najfinijeg šećera

UPUTE:
a) Ulijte ¼ šalice hladne vode u staklenu mjernu posudu otpornu na toplinu, uspite želatinu i ostavite da omekša 2-3 minute. Stavite šalicu u tavu s kipućom vodom i miješajte želatinu na laganoj vatri dok se ne otopi. Maknite tavu s vatre, ali ostavite šalicu unutra kako bi želatina ostala topla.

b) Pjenjačom ili električnom mutilicom tucite žumanjke dok se dobro ne sjedine.

c) Polako dodajte ¼ šalice običnog šećera i nastavite s mućenjem dok žumanjci ne postanu dovoljno gusti da padnu u obliku vrpce kada se miješalica podigne iz posude.

d) Neprestano miješajući, ulijte kipuću vodu u tankom mlazu, zatim ulijte smjesu u emajliranu ili nehrđajuću tavu od 1½ do 2 litre. Miješajte na laganoj vatri dok se ne zgusne u dovoljno tešku kremu da premaže žlicu. Ne dopustite da krema proključa jer bi se mogla zgrušati.

e) Posudu maknite s vatre i umiješajte otopljenu želatinu, pa kremu procijedite kroz gusto cjedilo postavljeno na duboku zdjelu i dodajte 3 žlice ruma i koricu limuna. Pustite da se krema ohladi na sobnu temperaturu, povremeno miješajući da se ne stegne.

f) U posebnoj zdjeli čistom pjenjačom ili kuhačom istucite bjelanjke i sol dok ne postanu pjenasti. Pospite preostalim običnim šećerom i nastavite tući dok bjelanjci ne dobiju vrh.
g) Otprilike ¼ bjelanjaka umiješajte u kremu, zatim je prelijte preko preostalih bjelanjaka i sjedinite lopaticom.
h) Ubacite 1¼ šalice orašastih plodova, ulijte smjesu od šifona u koru pite i zagladite vrh lopaticom. Stavite u hladnjak do posluživanja.
i) Neposredno prije posluživanja umutite vrhnje žičanom pjenjačom ili mikserom dok se ne zgusne. Dodajte superfini šećer i preostale 2 žlice ruma. Nastavite tući dok krema ne postane čvrsta.
j) Špatulom premažite kremu preko pite i po vrhu pospite preostale orašaste plodove.

25. Pita od šifona cvijeta naranče

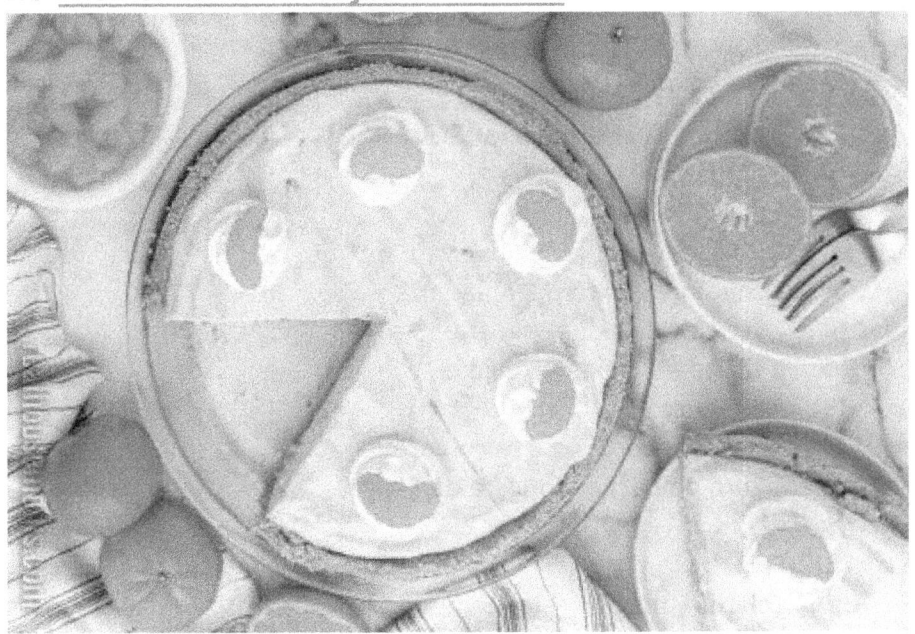

SASTOJCI:
- 6 unci smrznutog koncentrata soka od naranče, djelomično odmrznutog
- ⅓ šalice hladne vode
- 1 omotnica želatine bez okusa
- 2 žumanjka
- 1 šalica vode
- ¼ žličice soli
- 1 šalica guste kreme, ohlađena
- 2 žlice slastičarskog šećera
- 1 žličica ekstrakta vanilije
- 2 bjelanca
- ¼ šalice šećera
- 1 kora od pečenog tijesta od 9 inča

UPUTE:
a) Želatinu pospite hladnom vodom na vrhu kuhala za paru da omekša.
b) Istucite žumanjke, preostalu vodu i sol. Umiješajte želatinu.
c) Kuhajte u kipućoj vodi uz stalno miješanje dok se želatina ne otopi i smjesa malo zgusne, oko 5 minuta.
d) Odmah maknite s vatre, dodajte koncentrat soka od naranče i miješajte dok se ne sjedini. Ohladite, povremeno miješajući, dok se smjesa ne skupi kad padne sa žlice (ili ohladite iznad leda i vode, često miješajući).
e) U međuvremenu, umutite vrhnje za šlag dok se ne formiraju mekani vrhovi . S nekoliko posljednjih poteza umiješajte slastičarski šećer i ekstrakt vanilije; postaviti u hladnjak.
f) Čistom mješalicom istucite bjelanjke dok ne postanu pjenasti. Postupno dodajte granulirani šećer, nastavljajući tući dok se ne formiraju zaobljeni vrhovi .
g) Umiješajte smjesu želatine, a zatim šlag. Pretvorite ga u koru od pečenog tijesta. Koristeći stražnju stranu žlice, vrtite vrh.
h) Dobro ohladiti. Po želji ukrasite pitu narančastim dijelovima i izrezima od tijesta.

26.Šifon pita od breskve

SASTOJCI:
- 1 omotnica želatine bez okusa
- 1¼ šalice Dr Pepper
- ¼ žličice soli
- ½ šalice šećera
- 3 jaja; odvojeni
- 1 žlica soka od limuna
- ¼ šalice šećera
- 1¼ šalice konzerviranih breskvi; narezan na ploške i kockice
- 1 kora za pitu od 9 inča

UPUTE:
a) Pomiješajte želatinu s Dr Pepperom. Staviti na stranu.
b) Pomiješajte sol, ½ šalice šećera i tučene žumanjke na vrhu kuhala za kuhanje. Umiješajte smjesu želatine.
c) Kuhati i miješati na vrućoj vodi dok se malo ne zgusne.
d) Dodajte sok od limuna. Ohladite dok se djelomično ne stegne, povremeno miješajući.
e) Istucite bjelanjke dok se ne zapjene. Postupno dodajte ¼ šalice šećera, tukući dok se ne stvore čvrsti vrhovi .
f) Umiješajte smjesu želatine; zatim složiti breskve.
g) Ohladite dok se smjesa ne skupi kada padne sa žlice.
h) Ulijte u hladnu koru za pitu.
i) Ohladite dok se ne stegne.
j) Poslužite obično ili ukrašeno šlagom i dodatno narezanim breskvama.

27.Pita od šifona s maslacem od kikirikija

SASTOJCI:
- ½ šalice šećera
- 2 žličice želatine bez okusa
- ½ žličice muškatnog oraščića
- ¼ žličice soli
- 1 šalica vode
- ½ šalice maslaca od kikirikija
- 2 žumanjka malo istučena
- 1 žličica vanilije
- 2 bjelanca
- 2 žlice šećera
- ½ šalice vrhnja za šlag
- 1 potpuno zrela banana (po želji)
- Pečena kora od tijesta od 19", ohlađena

UPUTE:
a) Pomiješajte prva 4 sastojka.
b) Polako dodajte vodu u maslac od kikirikija. Miješajte dok ne postane glatko; umiješajte žumanjke.
c) Dodajte smjesu želatine. Ohladite i miješajte dok se smjesa malo ne zgusne. Dodajte vaniliju i ohladite dok se djelomično ne stegne.
d) Bjelanjke istucite u čvrsti snijeg, dodajte 2 žlice šećera, tukući u čvrsti snijeg; umiješajte u prvu smjesu.
e) Istucite čvrsti šlag i umiješajte u smjesu za pitu.
f) Narežite bananu, po želji, na tijesto i stavite nadjev.
g) Ukrasite kuglicama vrhnja za šlag s kriškom banane u svaku kuglicu.

ŠIFON OD SIRA

28. Kolač od sira od šifona i ananasa bez pečenja

SASTOJCI:
- 1 ½ šalice mrvica graham krekera
- ¼ šalice neslanog maslaca, otopljenog
- 8 unci svijetlog krem sira, omekšalog
- ½ šalice šećera u prahu
- 1 konzerva (20 unci) zgnječenog ananasa, ocijeđenog
- 1 šalica tučenog preljeva (kao što je Cool Whip ili domaći šlag)

UPUTE:
a) U zdjeli za miješanje pomiješajte mrvice graham krekera i otopljeni maslac. Miješajte dok se mrvice ravnomjerno ne prekriju .
b) Utisnite smjesu na dno podmazane ili obložene posude za pite od 9 inča kako biste oblikovali koru. Stavite u hladnjak da se ohladi dok pripremate nadjev.
c) U posebnoj zdjeli za miješanje tucite svijetli krem sir i šećer u prahu dok ne postane glatko i kremasto.
d) Dodajte ocijeđeni zgnječeni ananas i umućeni preljev dok se dobro ne sjedini.
e) Na pripremljenu koru sipati fil ravnomerno ga rasporediti.
f) Stavite kolač od sira u hladnjak na najmanje 4 sata ili dok se ne stegne.
g) Narežite i uživajte u ovom laganom i osvježavajućem kolaču od sira od ananasa bez pečenja!

29. Šifon kolač od marelice bez pečenja

SASTOJCI:
- 2 šalice mrvica graham krekera
- ½ šalice neslanog maslaca, otopljenog
- 1 (8 unci) pakiranje krem sira, omekšalog
- ½ šalice šećera u prahu
- 1 žličica ekstrakta vanilije
- 1 šalica tučenog vrhnja
- 1 šalica konzerviranih marelica
- 1 žlica želatine
- ¼ šalice vode

UPUTE:
a) Slijedite korake 1-6 iz prethodnog recepta za pripremu kore od graham krekera i nadjeva od krem sira.
b) U maloj posudi prikladnoj za mikrovalnu pećnicu pospite želatinu vodom i ostavite 5 minuta da omekša.
c) Stavite smjesu želatine u mikrovalnu oko 20 sekundi ili dok se želatina potpuno ne otopi . Neka se malo ohladi.
d) U posebnoj zdjeli umutite čvrsto vrhnje dok se ne formiraju mekani vrhovi.
e) Nježno umiješajte šlag u smjesu od krem sira.
f) Ohlađenu smjesu želatine postupno ulijevajte u smjesu od krem sira uz neprekidno savijanje.
g) Preko korice graham krekera rasporedite marelice.
h) Prelijte smjesu krem sira preko konzervi, ravnomjerno je rasporedite.
i) Pokrijte posudu plastičnom folijom i ostavite u hladnjaku najmanje 4 sata ili preko noći da se stegne.
j) Kada se stegne, uklonite stijenke kalupa i narežite kolač od sira za posluživanje.

30. Kolač od sira od šifona i trešnje od limuna

SASTOJCI:
KORA:
- ¼ šalice mrvica graham krekera

PUNJENJE:
- 3 unce limun želatine u prahu
- ⅔ šalice kipuće vode
- 1½ šalice nemasnog svježeg sira
- 4 unce krem sira bez masti
- 1 pakiranje šlaga, svijetlog

PRELJEV:
- 1 konzerva nadjeva za pitu od višanja (20 unci)

UPUTE:
KORA:
a) Pospite mrvicama graham krekera na dno i strane lagano poprskanog tanjura za pitu od 9 inča.

PUNJENJE:
b) Otopiti želatinu u kipućoj vodi; ulijte u blender.
c) Dodajte svježi sir i krem sir; pokriti.
d) Miješajte oko tri minute, stružući strane po potrebi.
e) Ulijte smjesu u veliku zdjelu.
f) Umiješajte šlag u smjesu od sira.
g) Ohladite dok se ne stegne, otprilike 5-6 sati.

PRELJEV:
h) Tortu od sira nadjenite nadjevom za pitu od višanja.
i) Uživajte u svom divnom kolaču od sira od šifona i trešnje od limuna!

31. Chiffon Cheesecake od borovnica

SASTOJCI:
- 1 1/2 šalice mrvica graham krekera
- 1/4 šalice granuliranog šećera
- 1/2 šalice neslanog maslaca, otopljenog
- 1 omotnica želatine bez okusa
- 1/4 šalice hladne vode
- 1 šalica svježih ili smrznutih borovnica
- 16 oz krem sira, omekšali
- 1/2 šalice šećera u prahu
- 1 žličica ekstrakta vanilije
- 1 šalica tučenog vrhnja

UPUTE:
a) U zdjeli pomiješajte mrvice graham krekera, granulirani šećer i otopljeni maslac dok se ne sjedine. Pritisnite smjesu na dno posude s oprugom od 9 inča. Ohladite u hladnjaku dok pripremate nadjev.
b) U malom loncu pospite želatinu hladnom vodom i ostavite da odstoji 1 minutu. Zagrijte na laganoj vatri, miješajući dok se želatina potpuno ne otopi. Maknite s vatre i pustite da se malo ohladi.
c) U blenderu ili procesoru hrane pasirajte borovnice dok ne postanu glatke. Procijedite pire kroz sitno sito kako biste uklonili sjemenke.
d) U zdjeli za miješanje tucite krem sir dok ne postane glatko. Dodajte šećer u prahu i ekstrakt vanilije, te miješajte dok se dobro ne sjedini.
e) Postupno dodajte pire od borovnica u smjesu od krem sira, tukući dok ne postane glatka.
f) Umiješajte šlag dok se dobro ne sjedini.
g) Postupno ulijevajte smjesu želatine u smjesu borovnica, neprestano miješajući dok se ne sjedini.
h) Na pripremljenu koru sipati fil i ravnomjerno rasporediti. Ohladite u hladnjaku najmanje 4 sata ili dok se ne stegne.
i) Kada se stegne, kolač od sira pažljivo izvadite iz kalupa. Poslužite ohlađeno i po želji ukrasite svježim borovnicama.

32.Kolač od sira od šifona od ananasa

SASTOJCI:
KORA:
- 1 šalica Graham mrvica
- 1 žlica Tub margarina
- 1 žlica svijetlog kukuruznog sirupa
- ½ žlice vode

PUNJENJE:
- ¼ šalice hladne vode
- ¼ šalice instant NF suhog mlijeka
- 20 unci konzerviranog zdrobljenog ananasa, neocijeđenog
- 1 pakiranje PLUS 1 čajna žličica želatine bez okusa
- ¾ šalice PLUS 2 žlice šećera
- 3 žlice soka od limuna
- 1½ žličice vanilije
- ¾ žličice sitno naribane korice limuna
- 6 unci LF krem sira, na kockice, sobne temp.
- ¾ šalice NF običnog jogurta

UPUTE:
a) U sjeckalici pomiješajte graham mrvice i margarin, lagano miksajući.

b) U maloj šalici pomiješajte kukuruzni sirup i vodu dok se dobro ne sjedine. Prelijte preko mrvica i ponovno miksajte dok se dobro ne sjedine i ne održe zajedno (dodajte nekoliko kapi vode ako je previše suho). Pritisnite na dno raspršenog kalupa od 9 inča i pecite na 350F 7-10 minuta dok ne postane čvrst i lagano smeđe boje. Ohladite na rešetki.

c) U maloj posudi postupno umiješajte vodu u suho mlijeko dok smjesa ne postane glatka. Ohladite u zamrzivaču 40-50 minuta dok se ne smrzne, ali ne skroz očvrsne (ako se smjesa jako smrzne, izlomite je žlicom i ostavite sa strane dok malo ne omekša).

d) Ocijedite tekućinu iz ananasa u malu tavu, a ananas ostavite. Pospite želatinu preko soka. Pustite da odstoji 5 minuta, ili dok ne omekša. Stavite na srednju vatru i neprestano miješajte dok se smjesa ne zagrije i želatina ne otopi. Ostavite sa strane , povremeno promiješajte da se ne slegne .

e) Pomiješajte šećer, limunov sok, vaniliju i koricu u multipraktiku i promiješajte dok se dobro ne izmiješa . Dok stroj radi, dodajte krem sir i miješajte dok ne postane glatko. Umiješajte ananas i ostavite sa strane.
f) Prebacite smrznuto mlijeko u veliku zdjelu za miješanje. Tucite mikserom na jakoj vagi 5-7 minuta do mekih vrhova. (Budi strpljiv)
g) Umiješajte jogurt u smjesu sa želatinom dok ne postane glatka. Odmah dodajte u umućeno mlijeko i nastavite tući još 2 minute. Tucite smjesu krem sira dok se ne sjedini i postane glatka.
h) Sipati u koru i poravnati površinu. Stavite u hladnjak na najmanje 1 sat.
i) Prelijte glazurom od ananasa.

33.Kolač od sira od šifona naranče

SASTOJCI:
KORA:
- 2 šalice mrvica Graham krekera
- 1 štapić (½ šalice) dijetalnog margarina u štapiću, otopljen

NARANČASTI NADJEV:
- 1 šalica soka od naranče
- 1 omotnica želatine bez okusa
- 12 unci Niskokalorični krem sir (Neufchâtel), omekšali
- 1 šalica djelomično obranog ricotta sira
- 12 paketića jednakog zaslađivača
- 1 paket niskokalorične mješavine tučenog preljeva
- ½ šalice obranog mlijeka
- 2 srednje naranče, oguljene, bez sjemenki i nasjeckane (oko 1 šalica nasjeckanih segmenata naranče)
- 1 naranča, oguljena i izrezana na komade za ukras (po želji)

UPUTE:
KORA:
a) Poprskajte tavu s oprugom od 9 inča neljepljivim sprejom za povrće.
b) Sastojke za koru temeljito izmiješajte i pritisnite preko dna i do pola stijenki posude.
c) Pecite u prethodno zagrijanoj pećnici na 350 stupnjeva 8 do 10 minuta ili dok se ne stegne. Cool.

NARANČASTI NADJEV:
d) U manji lonac ulijte sok od naranče. Pospite želatinu sokom od naranče i ostavite 1 minutu da omekša.
e) Zagrijte uz stalno miješanje dok se želatina ne otopi (oko 3 minute).
f) Pomiješajte krem sir i ricotta sir u velikoj zdjeli dok ne postane glatko.
g) Pripremite tučeni preljev prema uputama na pakiranju, a vodu zamijenite mlijekom.
h) Umiješajte umućeni preljev u smjesu sira.
i) Umiješajte nasjeckane naranče.
j) U pripremljenu koru žlicom stavljati fil i ravnomjerno rasporediti.
k) Ohladite 6 sati ili preko noći.
l) Po želji ukrasite komadićima naranče.
m) Uživajte u svom ukusnom kolaču od sira od naranče i šifona!

34. Passionfruit Chiffon Cheesecake

SASTOJCI:
ZA BAZU:
- 1 šalica biskvitnih mrvica (preporučuju se škotski keksi)
- ¼ šalice kokosa
- 80 g maslaca, otopljenog

ZA CHEESECAKE:
- 500 g krem sira, omekšali
- ½ šalice šećera u prahu
- 3 žličice želatine
- ¼ šalice kipuće vode
- 225 g komadića bijele čokolade
- ½ šalice pulpe marakuje
- Korica od 2 limete
- 300 ml gustog vrhnja
- 4 bjelanjka
- ¼ šalice šećera u prahu
- ¼ šalice pulpe marakuje (ekstra, za prelijevanje)
- 300 ml gustog vrhnja
- 2 žlice šećera u prahu

UPUTE:
a) Kuhačom izradite 1 šalicu biskvitnih mrvica obrađujući slatke kekse.
b) Podmažite i obložite papirom za pečenje okrugli kalup za pečenje od 20 cm (8 inča).
c) U velikoj zdjeli pomiješajte biskvitne mrvice, kokos i otopljeni maslac. Temeljito promiješajte.
d) Biskvitne mrvice izlijte na dno kalupa za pečenje, ravnomjerno pritisnite i ostavite u hladnjaku da se ohladi.
e) U posebnoj zdjeli tucite 300 ml gustog vrhnja dok ne dobijete mekane vrhove. Staviti na stranu.
f) Tucite bjelanjke u maloj zdjeli dok se ne stvore mekani snijeg. Staviti na stranu.
g) Otopite bijelu čokoladu u posudi iznad lonca s kipućom vodom. Miješajte dok se smjesa ne ujednači i potpuno otopi. Maknite s vatre i ostavite da se malo ohladi.

h) U drugoj velikoj zdjeli električnom miješalicom izmiksajte krem sir i šećer dok smjesa ne postane glatka.
i) Otopite želatinu u kipućoj vodi i dodajte je, zajedno s bijelom čokoladom i koricom limete, u smjesu od krem sira. Lagano tucite da se sjedini.
j) Dodajte pulpu marakuje i lagano promiješajte.
k) Umiješajte šlag, a zatim i tučene bjelanjke.
l) Smjesu preliti preko podloge od biskvita u kalupu za pečenje.
m) Stavite u hladnjak i ostavite da odstoji najmanje 3 sata (po mogućnosti duže).
n) Nakon što se stegne, napravite glazuru zagrijavanjem ¼ šalice pulpe marakuje sa šećerom u prahu u malom loncu. Pirjati oko 5 minuta dok se ne zgusne. Cool.
o) Tucite 300 ml gustog vrhnja i 2 žlice šećera dok ne dobijete čvrsti vrh.
p) Premažite šlag preko torte od sira i pokapajte ga glazurom od marakuje.
q) Vratite u hladnjak da se ohladi prije posluživanja.

35. Kolač od sira od šifona od manga

SASTOJCI:
- 1 1/2 šalice mrvica graham krekera
- 1/4 šalice granuliranog šećera
- 1/2 šalice neslanog maslaca, otopljenog
- 1 omotnica želatine bez okusa
- 1/4 šalice hladne vode
- 1 šalica pirea od manga
- 16 oz krem sira, omekšali
- 1/2 šalice šećera u prahu
- 1 žličica ekstrakta vanilije
- 1 šalica tučenog vrhnja

UPUTE:
a) U zdjeli pomiješajte mrvice graham krekera, granulirani šećer i otopljeni maslac dok se ne sjedine. Pritisnite smjesu na dno posude s oprugom od 9 inča. Ohladite u hladnjaku dok pripremate nadjev.

b) U malom loncu pospite želatinu hladnom vodom i ostavite da odstoji 1 minutu. Zagrijte na laganoj vatri, miješajući dok se želatina potpuno ne otopi. Maknite s vatre i pustite da se malo ohladi.

c) U zdjeli za miješanje tucite krem sir dok ne postane glatko. Dodajte šećer u prahu i ekstrakt vanilije, te miješajte dok se dobro ne sjedini.

d) Postupno dodajte pire od manga u smjesu od krem sira, tukući dok ne postane glatka.

e) Umiješajte šlag dok se dobro ne sjedini.

f) Postupno ulijevajte smjesu želatine u smjesu manga, neprestano miješajući dok se ne sjedini.

g) Na pripremljenu koru sipati fil i ravnomerno rasporediti. Ohladite u hladnjaku najmanje 4 sata ili dok se ne stegne.

h) Kada se stegne, kolač od sira pažljivo izvadite iz kalupa. Poslužite ohlađeno i po želji ukrasite svježim kriškama manga.

36.Kolač od sira od šifona maline

SASTOJCI:
- 1 1/2 šalice mrvica graham krekera
- 1/4 šalice granuliranog šećera
- 1/2 šalice neslanog maslaca, otopljenog
- 1 omotnica želatine bez okusa
- 1/4 šalice hladne vode
- 1 šalica svježih ili smrznutih malina
- 16 oz krem sira, omekšali
- 1/2 šalice šećera u prahu
- 1 žličica ekstrakta vanilije
- 1 šalica tučenog vrhnja

UPUTE:

a) U zdjeli pomiješajte mrvice graham krekera, granulirani šećer i otopljeni maslac dok se ne sjedine. Pritisnite smjesu na dno posude s oprugom od 9 inča. Ohladite u hladnjaku dok pripremate nadjev.

b) U malom loncu pospite želatinu hladnom vodom i ostavite da odstoji 1 minutu. Zagrijte na laganoj vatri, miješajući dok se želatina potpuno ne otopi. Maknite s vatre i pustite da se malo ohladi.

c) U blenderu ili procesoru hrane pasirajte maline dok ne postanu glatke. Procijedite pire kroz sitno sito kako biste uklonili sjemenke.

d) U zdjeli za miješanje tucite krem sir dok ne postane glatko. Dodajte šećer u prahu i ekstrakt vanilije, te miješajte dok se dobro ne sjedini.

e) Postupno dodajte pire od malina u smjesu od krem sira, tukući dok ne postane glatka.

f) Umiješajte šlag dok se dobro ne sjedini.

g) Postupno ulijevajte smjesu želatine u smjesu od malina, neprestano miješajući dok se ne sjedini.

h) Na pripremljenu koru sipati fil i ravnomerno rasporediti. Ohladite u hladnjaku najmanje 4 sata ili dok se ne stegne.

i) Kada se stegne, kolač od sira pažljivo izvadite iz kalupa. Poslužite ohlađeno i po želji ukrasite svježim malinama.

37.Torta od sira od šifona od kupina

SASTOJCI:
- 1 1/2 šalice mrvica graham krekera
- 1/4 šalice granuliranog šećera
- 1/3 šalice neslanog maslaca, otopljenog
- 1 1/2 šalice svježih kupina
- 2 žlice soka od limuna
- 2 žličice kukuruznog škroba
- 3 paketa (svaki po 8 unci) krem sira, omekšali
- 1 šalica šećera u prahu
- 1 žličica ekstrakta vanilije
- 1 šalica tučenog vrhnja

UPUTE:
a) Zagrijte pećnicu na 325°F (160°C). Namastite kalup od 9 inča.
b) U zdjeli pomiješajte mrvice graham krekera, granulirani šećer i otopljeni maslac. Utisnite smjesu na dno pripremljene posude.
c) U malom loncu pomiješajte kupine, limunov sok i kukuruzni škrob. Kuhajte na srednjoj vatri dok se ne zgusne uz stalno miješanje. Maknite s vatre i ostavite da se ohladi.
d) U velikoj zdjeli za miješanje izmiksajte krem sir, šećer u prahu i ekstrakt vanilije dok ne postane glatko.
e) Nježno umiješajte šlag dok se dobro ne sjedini.
f) Polovicu smjese od krem sira rasporedite preko pripremljene kore.
g) Polovicu smjese od kupina žlicom rasporedite po sloju krem sira i vrtite nožem.
h) Ponovite s preostalom smjesom krem sira i mješavinom kupina.
i) Pecite 45-50 minuta ili dok se sredina ne stegne.
j) Ostavite kolač od sira da se ohladi u kalupu na rešetki. Ostavite u hladnjaku najmanje 4 sata ili preko noći prije posluživanja.

38.Matcha kolač od sira od šifona

SASTOJCI:
ZA TORTU OD ŠIFONA:
- 4 velika jaja, odvojena
- 1/4 šalice granuliranog šećera
- 1/4 šalice biljnog ulja
- 1/4 šalice mlijeka
- 1 žličica ekstrakta vanilije
- 1 šalica brašna za kolače
- 1 žlica matcha praha
- 1 žličica praška za pecivo
- 1/4 žličice soli

ZA NADJEV ZA CHEESECAKE:
- 8 oz krem sira, omekšali
- 1/2 šalice šećera u prahu
- 1 žličica matcha praha
- 1 šalica vrhnja, ohlađena
- 1 žličica ekstrakta vanilije

UPUTE:
a) Zagrijte pećnicu na 325°F (160°C). Namastite i obložite papirom za pečenje dno okruglog kalupa za tortu od 8 inča.
b) U velikoj zdjeli za miješanje tucite žumanjke s 2 žlice šećera dok ne postanu blijedi i kremasti. Dodajte biljno ulje, mlijeko i ekstrakt vanilije i miješajte dok se dobro ne sjedini.
c) Prosijte zajedno brašno za kolače, matcha prah, prašak za pecivo i sol. Postupno dodajte suhe sastojke u smjesu žumanjaka, miksajući dok ne postane glatka.
d) U posebnoj čistoj posudi istucite bjelanjke dok ne postanu pjenasti. Postupno dodajte preostale 2 žlice šećera i nastavite miksati dok se ne formiraju čvrsti vrhovi.
e) Nježno umiješajte tučene bjelanjke u tijesto dok ne ostanu tragovi.
f) Ulijte tijesto u pripremljeni kalup za torte i poravnajte vrh. Pecite u prethodno zagrijanoj pećnici 30-35 minuta ili dok čačkalica zabodena u sredinu ne izađe čista.
g) Izvadite kolač iz pećnice i ostavite da se potpuno ohladi u kalupu na rešetki.

h) Dok se torta hladi pripremite nadjev za tortu od sira. U zdjeli za miješanje tucite omekšali krem sir dok ne postane glatko. Dodajte šećer u prahu i matcha prah i tucite dok se dobro ne sjedini i postane kremasto.
i) U drugoj zdjeli umutite ohlađeno slatko vrhnje s ekstraktom vanilije dok se ne formiraju čvrsti vrhovi.
j) Nježno umiješajte tučeno vrhnje u smjesu od krem sira dok ne bude glatka i dobro spojena.
k) Nakon što se torta od šifona potpuno ohladi, pažljivo je vodoravno prerežite na dva sloja.
l) Stavite jedan sloj kolača od šifona na tanjur za posluživanje ili stalak za kolače. Obilno rasporedite matcha nadjev od sira preko sloja torte.
m) Stavite drugi sloj torte od šifona na vrh nadjeva. Preostali nadjev za matcha kolač od sira premažite po vrhu i po stranama kolača.
n) Ohladite tortu u hladnjaku najmanje 4 sata, ili dok se ne stegne.
o) Prije posluživanja po želji vrh torte možete dodatno posuti matcha prahom za ukras.
p) Matcha šifon kolač od sira narežite i poslužite ohlađen. Uživati!

39. Šifon kolač od đumbira i kruške

SASTOJCI:
ZA TORTU OD ŠIFONA:
- 4 velika jaja, odvojena
- 1/4 šalice granuliranog šećera
- 1/4 šalice biljnog ulja
- 1/4 šalice mlijeka
- 1 žličica ekstrakta vanilije
- 1 šalica brašna za kolače
- 1 žličica mljevenog đumbira
- 1 žličica praška za pecivo
- 1/4 žličice soli

ZA NADJEV ZA CHEESECAKE:
- 8 oz krem sira, omekšali
- 1/2 šalice šećera u prahu
- 1/2 žličice mljevenog đumbira
- 1 žličica ekstrakta vanilije
- 1 šalica vrhnja, ohlađena

Za preljev od krušaka:
- 2 zrele kruške, oguljene, očišćene od koštice i narezane na ploške
- 2 žlice neslanog maslaca
- 2 žlice smeđeg šećera
- 1 žličica mljevenog cimeta
- 1/2 žličice mljevenog đumbira
- 1/4 šalice vode

UPUTE:
a) Zagrijte pećnicu na 325°F (160°C). Namastite i obložite papirom za pečenje dno okruglog kalupa za tortu od 8 inča.
b) U velikoj zdjeli za miješanje tucite žumanjke s 2 žlice šećera dok ne postanu blijedi i kremasti. Dodajte biljno ulje, mlijeko i ekstrakt vanilije i miješajte dok se dobro ne sjedini.
c) Prosijte brašno za kolače, mljeveni đumbir, prašak za pecivo i sol. Postupno dodajte suhe sastojke u smjesu žumanjaka, miksajući dok ne postane glatka.
d) U posebnoj čistoj posudi istucite bjelanjke dok ne postanu pjenasti. Postupno dodajte preostale 2 žlice šećera i nastavite miksati dok se ne formiraju čvrsti vrhovi.

e) Nježno umiješajte tučene bjelanjke u tijesto dok ne ostanu tragovi.
f) Ulijte tijesto u pripremljeni kalup za torte i poravnajte vrh. Pecite u prethodno zagrijanoj pećnici 30-35 minuta ili dok čačkalica zabodena u sredinu ne izađe čista.
g) Izvadite kolač iz pećnice i ostavite da se potpuno ohladi u kalupu na rešetki.
h) Dok se torta hladi pripremite nadjev za tortu od sira. U zdjeli za miješanje tucite omekšali krem sir dok ne postane glatko. Dodajte šećer u prahu, mljeveni đumbir i ekstrakt vanilije i tucite dok se dobro ne sjedini i postane kremasto.
i) U drugoj posudi umutite ohlađeno vrhnje dok se ne formiraju čvrsti vrhovi. Nježno umiješajte tučeno vrhnje u smjesu od krem sira dok ne bude glatka i dobro spojena.
j) Nakon što se torta od šifona potpuno ohladi, pažljivo je vodoravno prerežite na dva sloja.
k) Stavite jedan sloj kolača od šifona na tanjur za posluživanje ili stalak za kolače. Obilno rasporedite nadjev od sira od đumbira preko sloja torte.
l) Stavite drugi sloj torte od šifona na vrh nadjeva. Preostali nadjev za tortu od sira od đumbira rasporedite po vrhu i stranama torte.
m) Za pripremu preljeva od krušaka rastopite maslac u tavi na srednje jakoj vatri. Dodajte narezane kruške, smeđi šećer, mljeveni cimet, mljeveni đumbir i vodu. Kuhajte uz povremeno miješanje dok kruške ne omekšaju i karameliziraju se oko 5-7 minuta . Maknite s vatre i ostavite da se malo ohladi.
n) Prelijte žlicom karamelizirani preljev od krušaka po vrhu torte od sira.
o) Stavite kolač od sira u hladnjak na najmanje 4 sata ili dok se ne stegne.
p) Prije posluživanja vrh kolača od sira po želji možete ukrasiti dodatnim kriškama svježe kruške.
q) Narežite i poslužite ohlađen kolač od kruške i đumbira . Uživajte u ukusnoj kombinaciji pikantnog đumbira, slatkih krušaka i kremastog nadjeva za tortu od sira!

40. Karamelizirani kolač od sira od šifona od banane

SASTOJCI:

ZA TORTU OD ŠIFONA:
- 4 velika jaja, odvojena
- 1/4 šalice granuliranog šećera
- 1/4 šalice biljnog ulja
- 1/4 šalice mlijeka
- 1 žličica ekstrakta vanilije
- 1 šalica brašna za kolače
- 1 žličica praška za pecivo
- 1/4 žličice soli

ZA NADJEV ZA CHEESECAKE:
- 8 oz krem sira, omekšali
- 1/2 šalice šećera u prahu
- 1 žličica ekstrakta vanilije
- 1 šalica vrhnja, ohlađena

ZA KARAMELIZIRANI PRELJEV OD BANANA:
- 2 zrele banane, narezane na ploške
- 2 žlice neslanog maslaca
- 1/4 šalice smeđeg šećera
- 1/4 žličice mljevenog cimeta
- 1/4 šalice gustog vrhnja

UPUTE:

a) Zagrijte pećnicu na 325°F (160°C). Namastite i obložite papirom za pečenje dno okruglog kalupa za tortu od 8 inča.

b) U velikoj zdjeli za miješanje tucite žumanjke s 2 žlice šećera dok ne postanu blijedi i kremasti. Dodajte biljno ulje, mlijeko i ekstrakt vanilije i miješajte dok se dobro ne sjedini.

c) Prosijte zajedno brašno za kolače, prašak za pecivo i sol. Postupno dodajte suhe sastojke u smjesu žumanjaka, miksajući dok ne postane glatka.

d) U posebnoj čistoj posudi istucite bjelanjke dok ne postanu pjenasti. Postupno dodajte preostale 2 žlice šećera i nastavite miksati dok se ne formiraju čvrsti vrhovi.

e) Nježno umiješajte tučene bjelanjke u tijesto dok ne ostanu tragovi.

f) Ulijte tijesto u pripremljeni kalup za torte i poravnajte vrh. Pecite u prethodno zagrijanoj pećnici 30-35 minuta ili dok čačkalica zabodena u sredinu ne izađe čista.
g) Izvadite kolač iz pećnice i ostavite da se potpuno ohladi u kalupu na rešetki.
h) Dok se torta hladi pripremite nadjev za tortu od sira. U zdjeli za miješanje tucite omekšali krem sir dok ne postane glatko. Dodajte šećer u prahu i ekstrakt vanilije i tucite dok se dobro ne sjedini i postane kremasto.
i) U drugoj posudi umutite ohlađeno vrhnje dok se ne formiraju čvrsti vrhovi. Nježno umiješajte tučeno vrhnje u smjesu od krem sira dok ne bude glatka i dobro spojena.
j) Nakon što se torta od šifona potpuno ohladi, pažljivo je vodoravno prerežite na dva sloja.
k) Stavite jedan sloj kolača od šifona na tanjur za posluživanje ili stalak za kolače. Obilno rasporedite nadjev za tortu od sira preko sloja torte.
l) Stavite drugi sloj torte od šifona na vrh nadjeva. Preostalim nadjevom od sira premažite vrh i stranice torte.
m) Za pripremu karameliziranog preljeva od banana otopite maslac u tavi na srednje jakoj vatri. Dodajte narezane banane, smeđi šećer i mljeveni cimet. Kuhajte uz povremeno miješanje dok banane ne omekšaju i karameliziraju se oko 5-7 minuta . Maknite s vatre i ostavite da se malo ohladi.
n) U posebnom malom loncu zagrijte vrhnje dok se ne zagrije. Toplo vrhnje prelijte preko karameliziranih banana i miješajte dok se dobro ne sjedine.
o) Prelijte žlicom karamelizirani preljev od banane po vrhu torte od sira.
p) Stavite kolač od sira u hladnjak na najmanje 4 sata ili dok se ne stegne.
q) Prije posluživanja vrh kolača od sira po želji možete ukrasiti dodatnim kriškama svježe banane.
r) Karamelizirani čizkejk od banane i šifona narežite i poslužite ohlađen. Uživajte u ukusnoj kombinaciji slatkih karameliziranih banana i kremastog nadjeva za tortu od sira!

KOLAČI OD ŠIFONA

41.Yuzu Šifon torta

SASTOJCI:
- 3 bjelanjka
- 40g finog šećera
- 3 žumanjka
- 10g finog šećera
- 20g rižinih mekinja/biljnog ulja
- 40 g Yuzu soka
- 15 g korejskog citron čaja

UPUTE:
a) Podlogu okruglog kalupa za tortu od 6" obložite papirom za pečenje. Ne morate namastiti strane.
b) Dva puta prosijte brašno za kolače. Staviti na stranu.
c) Narežite kore citron čaja na komadiće. Pomiješajte rižine mekinje/biljno ulje, yuzu sok i citron čaj u maloj čaši. Staviti na stranu.
d) U posebnoj posudi za miješanje umutite žumanjak s 10 g finog šećera dok ne postane blijedo i kremasto
e) Dodajte u smjesu postepeno.
f) Prosijte i pomiješajte brašno u nekoliko serija kako biste izbjegli pretjerano miješanje brašna. Pokrijte i ostavite sa strane.
g) U posebnoj, čistoj i nemasnoj posudi za miješanje pjenasto istucite bjelanjak pa počnite postepeno dodavati 40 g šećera. Tucite srednje velikom brzinom dok ne postane gotovo čvrsta.
h) Smanjite brzinu miksera na nisku u posljednjoj 1 minuti. Staviti na stranu.
i) Dodajte oko ⅓ meringue i dobro promiješajte.
j) Izlijte natrag da se sjedini s preostalim meringueom. Presavijte da se sjedini u glatko tijesto.
k) Ulijte tijesto u nepodmazan okrugli kalup za torte od 6 inča. Udarite kalup o radnu plohu kako biste uklonili sve zarobljene mjehuriće zraka.
l) Pecite u prethodno zagrijanoj pećnici na 140 stupnjeva oko 25 do 30 minuta, na najnižoj prečki.
m) Kada se torta digne skoro do ruba kalupa za tortu, pojačajte temperaturu na 170 stupnjeva celzijusa oko 10 do 15 minuta.

n) 10 minuta nakon pečenja na 170 Celzijevih stupnjeva torta se nastavila dizati iznad obruča kalupa. 15 minuta nakon pečenja na 170 stupnjeva.
o) Izvaditi iz pećnice i tortu spustiti tepsijom, 3 puta preko krpe. Kalup odmah preokrenite preko rešetke da se ohladi oko 25 minuta.
p) Preokrenite vrući kolač preko rešetke na vrhu otvorenog lonca za kuhanje riže, oko 25 minuta. Mislim da je ovo lakše nego balansirati na dvije zdjele,
q) Kolač izvadite iz kalupa i ohladite na rešetki.
r) Ostavite tortu da se potpuno ohladi prije rezanja.

42. Čokoladna šifon torta

SASTOJCI:
- 1 ¾ šalice višenamjenskog brašna
- 1 ½ šalice granuliranog šećera
- ¾ šalice nezaslađenog kakaa u prahu
- 1 ½ žličice praška za pecivo
- 1 žličica sode bikarbone
- ½ žličice soli
- ½ šalice biljnog ulja
- 7 velikih jaja, odvojenih
- 1 šalica vode
- 1 žličica ekstrakta vanilije
- ½ žličice tartar kreme

ZA GLAZURU OD ŠLAG OD ČOKOLADE:
- 2 šalice gustog vrhnja, hladno
- ½ šalice šećera u prahu
- ¼ šalice nezaslađenog kakaa u prahu
- 1 žličica ekstrakta vanilije

UKRASI PO IZBORU:
- Strugotine čokolade
- Svježe bobice

UPUTE:
ZA ČOKOLADNI ŠIFON TORTU:
a) Unaprijed zagrijte pećnicu na 170°C (340°F) i namastite i pobrašnite cjevastu tepsiju od 10 inča.
b) U velikoj zdjeli za miješanje pomiješajte brašno, granulirani šećer, kakao prah, prašak za pecivo, sodu bikarbonu i sol.
c) Napravite udubinu u sredini suhih sastojaka i dodajte biljno ulje, žumanjke, vodu i ekstrakt vanilije. Miješajte dok ne postane glatko i dobro sjedinjeno.
d) U posebnoj zdjeli električnom miješalicom tucite bjelanjke i tartar dok se ne stvore čvrsti snijeg.
e) Nježno umiješajte tučene bjelanjke u čokoladnu smjesu, pazeći da se previše ne izmiksaju.
f) Ulijte tijesto u pripremljenu posudu i zagladite vrh lopaticom.

g) Pecite u prethodno zagrijanoj pećnici otprilike 45-50 minuta ili dok čačkalica zabodena u sredinu kolača ne izađe čista.
h) Izvadite kolač iz pećnice i preokrenite kalup na rešetku da se potpuno ohladi. To pomaže torti da zadrži svoju visinu i sprječava da se uruši.

ZA GLAZURU OD ŠLAG OD ČOKOLADE:

i) U ohlađenoj zdjeli za miješanje tucite čvrsto vrhnje, šećer u prahu, kakao prah i ekstrakt vanilije dok ne dobijete čvrsti vrh.
j) Pazite da ne pretučete jer se krema može pretvoriti u maslac.

SKUPŠTINA:

k) Nakon što se čokoladna torta od šifona potpuno ohladila, priježite nožem po rubovima posude da se torta olabavi. Izvadite ga iz posude i stavite na tanjur za posluživanje.
l) Premažite glazuru od čokoladnog šlaga po vrhu i stranama torte, koristeći lopaticu da napravite glatki i ravnomjerni sloj.
m) Po želji: ukrasite tortu čokoladnim strugotinama i svježim bobičastim voćem za dodatni dašak elegancije.
n) Narežite i poslužite čokoladnu tortu od šifona, uživajući u njezinoj laganoj i čokoladnoj dobroti.

43. Torta od šifona Dalgona

SASTOJCI:
ZA TORTU:
- 6 velikih jaja, odvojenih
- ½ šalice granuliranog šećera
- ½ šalice biljnog ulja
- ½ šalice Dalgona kave
- 1 žličica ekstrakta vanilije
- 1 ½ šalice brašna za kolače
- 2 žličice praška za pecivo
- ¼ žličice soli

ZA DALGONA GLAZURU OD ŠLAGA OD KAVE:
- 1 ½ šalice gustog vrhnja, ohlađeno
- ¼ šalice šećera u prahu
- ¼ šalice Dalgona kave
- Kakao prah (za posipanje, po želji)

UPUTE:
a) Zagrijte pećnicu na 325°F (165°C). Namastite i pobrašnite šifon kalup za torte.
b) U velikoj zdjeli za miješanje tucite žumanjke i šećer dok ne postanu kremasti i blijedo žuti.
c) Dodajte biljno ulje, Dalgona kavu i ekstrakt vanilije u smjesu žumanjaka. Dobro promiješajte.
d) U posebnoj zdjeli pomiješajte brašno za kolače, prašak za pecivo i sol.
e) Postupno dodajte suhe sastojke u mokre sastojke, miksajući dok se ne sjedine. Pazite da ne premiješate.
f) U drugoj čistoj zdjeli tucite bjelanjke dok ne postanu mekani snijeg.
g) Nježno umiješajte tučene bjelanjke u tijesto dok se dobro ne sjedine.
h) Ulijte tijesto u pripremljeni kalup za tortu od šifona. Zagladite vrh lopaticom.
i) Pecite u prethodno zagrijanoj pećnici oko 45-50 minuta ili dok čačkalica zabodena u sredinu kolača ne izađe čista.
j) Kolač izvadite iz pećnice i ostavite da se hladi naopako u kalupu da se ne sruši.

k) Kada se kolač potpuno ohladi, pažljivo ga izvadite iz kalupa.
l) Za glazuru od šlaga od kave Dalgona, umutite ohlađeno vrhnje i šećer u prahu dok ne dobijete meke vrhove. Dodajte kavu Dalgona i nastavite s mućenjem dok se ne stvore čvrsti vrhovi.
m) Ohlađenu tortu od šifona premažite Dalgona glazurom od šlaga od kave, pokrivajući vrh i strane torte.
n) Po izboru: pospite vrh kolača kakaom u prahu za dodatni okus i ukras.
o) Narežite i poslužite Dalgona tortu od šifona od kave. Uživati!

44.Šifon torta od banane

SASTOJCI:
- 1 šalica bjelanjaka
- ½ žličice Tartar kreme
- 2¼ šalice brašna za kolače
- 1 žlica praška za pecivo
- 1¼ šalice šećera
- 5 žumanjaka
- 1 šalica banane; Pire
- ½ šalice ulja
- 3 žlice burbona
- 1 žličica vanilije
- 2 žlice burbona
- 1 žlica mlijeka
- 1½ šalice slastičarskog šećera; Prosijan
- Jagode (za ukras)
- Narezana banana (za ukras)

UPUTE:
a) Zagrijte pećnicu na 325°F. Pripremite posudu od 10 inča s dnom koje se može skinuti; nemojte je namastiti.
b) U bjelanjke dodajte kremu od tartara i tucite električnom miješalicom dok ne dobijete čvrsti snijeg. Budite oprezni da ne pretjerate.
c) U drugoj zdjeli pomiješajte brašno, šećer i prašak za pecivo dok se dobro ne sjedine. Napravite udubljenje u sredini i dodajte žumanjke, zgnječene banane, ulje, vodu s burbonom (⅓ šalice) i vaniliju.
d) U udubini miješajte sastojke električnom miješalicom, postupno dodajući suhe sastojke od ruba, dok ne dobijete glatku smjesu.
e) Prelijte ⅓ tijesta preko bjelanjaka i brzo, ali lagano, miješajte dok se tijesto i bjelanjci ne sjedine. Ponovite ovaj postupak dva puta s preostalim tijestom.
f) Ulijte kombinirano tijesto u pripremljenu tubu. Pecite 55 minuta bez otvaranja vrata pećnice da kolač ne padne. Povećajte temperaturu pećnice na 350°F i pecite dodatnih 10-15 minuta ili dok čačkalica zabodena u sredinu ne izađe čista.

g) Objesite tortu naopako da se potpuno ohladi. Kada se ohladi, kolač izvadite iz kalupa.

GLAZURA:

h) Burbon i mlijeko zagrijte na laganoj vatri. Umiješajte slastičarski šećer dok se ne otopi.
i) Glazurom odmah prelijte vrh i stranice torte.
j) Ostavite tortu da se ohladi dok se glazura ne stegne prije ukrašavanja.
k) Ukrasite narezanim bananama i jagodama.
l) Kolač režite dugim nazubljenim nožem za posluživanje.

45. Medena torta od šifona

SASTOJCI:
- 4 jaja
- 1 šalica šećera
- 1 šalica ulja
- 1½ šalice meda
- 3 šalice brašna
- 3 žličice praška za pecivo
- ½ žličice sode bikarbone
- 1 žličica cimeta
- 1 šalica hladne kave

UPUTE:
a) Zagrijte pećnicu na 350 stupnjeva.
b) U većoj zdjeli dobro umutite jaja. Dodajte šećer i tucite velikom brzinom dok smjesa ne postane svijetla i kremasta.
c) Dodajte ulje i med u smjesu jaja, tukući srednjom brzinom dok se dobro ne sjedine.
d) U posebnoj zdjeli pomiješajte suhe sastojke brašno, prašak za pecivo, sodu bikarbonu i cimet.
e) Dodajte suhe sastojke u smjesu jaja naizmjenično s hladnom kavom.
f) Ulijte tijesto u nepodmazanu posudu od 10 inča.
g) Pecite na 350 stupnjeva 15 minuta, zatim smanjite toplinu na 325 stupnjeva i pecite još jedan sat ili dok čačkalica zabodena u sredinu ne izađe čista.
h) Kada je kolač gotov, preokrenite ga i ostavite da se potpuno ohladi prije nego što ga izvadite iz kalupa.
i) Uživajte u svojoj ukusnoj medenoj torti od šifona!

46. Tahini šifon kolač s medom i rabarbarom

SASTOJCI:
PREGORENI MED
- ½ šalice meda
- ½ žličice košer soli
- ⅓ šalice ohlađenog gustog vrhnja

POŠIRANA RABARBARA
- 3 zelene mahune kardamoma, napuknute (po želji)
- 1 šalica (200 g) organskog šećerne trske ili granuliranog šećera
- 3 stabljike ružičaste rabarbare, obrezane, očišćene od listova, narezane na komade

TORTA I MONTAŽA
- Neljepljivo biljno ulje u spreju ili biljno ulje
- ½ šalice (65 g) sjemenki sezama
- ½ šalice plus 1 čajna žličica (72 g) brašna za kolače
- 1 žličica praška za pecivo
- ½ žličice košer soli
- 2 velika žumanjka sobne temperature
- 2 žlice plus ¾ žličice (35 g) tahinija
- 8 žlica (100 g) organskog šećerne trske ili granuliranog šećera, podijeljeno
- 3 velika bjelanjka sobne temperature
- ⅛ žličice tartara ili malo octa ili svježeg soka od limuna
- ⅔ šalice ohlađenog vrhnja

UPUTE:
PREGORENI MED
a) Pustite med da prokuha u srednjoj posudi (malo većoj nego što mislite da će vam trebati jer će med nabubriti) na srednjoj vatri i kuhajte dok ne porumeni i ne zamiriši na tost, oko 2 minute.
b) Maknite s vatre i umiješajte sol. Pažljivo ulijte vrhnje (ovo će pomoći da se zaustavi kuhanje). Med će mjehuriti i prskati, pa budite oprezni.
c) Miješajte drvenom kuhačom ili gumenom kuhačom dok smjesa ne postane homogena. Pustite da se zagorjela smjesa meda ohladi, a zatim je prebacite u hermetički zatvorenu posudu.

d) Pokrijte i ohladite dok se ne ohladi, najmanje 3 sata. Učinite unaprijed: Mješavina spaljenog meda može se napraviti 3 dana unaprijed. Držati na hladnom.

POŠIRANA RABARBARA

e) Zakuhajte kardamom (ako koristite), šećer i ¾ šalice vode u srednjoj posudi na srednje jakoj vatri, miješajući da se šećer otopi.
f) Ako koristite kardamom, maknite ga s vatre, poklopite i ostavite 15 minuta da se ulije. Stavite sirup na srednje jaku vatru i vratite ga na vrije.
g) Dodajte rabarbaru i kuhajte dok smjesa ponovno ne počne mjehurićati; maknuti s vatre. Pokrijte i ostavite dok komadići rabarbare ne omekšaju , ali i dalje zadrže svoj oblik, 70-80 minuta. Učinite unaprijed: Rabarbara se može poširati 1 dan unaprijed. Prebacite u hermetički zatvorenu posudu; poklopiti i ohladiti.

TORTA I MONTAŽA

h) Zagrijte pećnicu na 350°F. Kalup za tortu lagano premažite neljepljivim sprejom ili ga lagano premažite uljem. Dno obložiti papirom za pečenje i oko poprskati ili nauljiti. Ulijte sjemenke sezama u tavu i nježno protresite i nagnite tavu da obložite dno i stranice, uklonite višak. U srednju zdjelu prosijte brašno za kolače, prašak za pecivo i sol.
i) U maloj zdjeli pjenasto izmiješajte žumanjke, tahini, 6 žlica (75 g) šećera i 3 žlice vode sobne temperature. Dodati suhe sastojke i dobro umutiti; stavite tijesto sa strane.
j) Tucite bjelanjke i tartar u zdjeli samostojećeg miksera opremljenog nastavkom za pjenjaču na srednjoj brzini samo dok se ne pojave pjenasti mjehurići, oko 15 sekundi. Dok motor radi, posipajte preostale 2 žlice (25 g) šećera žličicu po žličicu, muteći 15-20 sekundi nakon svakog dodavanja da se sjedini prije dodavanja još. (Uzmite si vremena da napravite jaku meringu i vaš će vam kolač biti zahvalan na tome.) Tucite dok meringa ne postane sjajna i dok se ne formiraju čvrsti vrhovi.
k) Pomoću gumene lopatice dodajte jednu trećinu beze tijesta u pripremljeno tijesto i preklopite dok ne postane pramen, pazeći da se meringue ne ispuha. Ponovite još dva puta, podijelite preostali meringue na pola i miješajte posljednji dodatak dok ne prestanu

pruge. Odmah ostružite tijesto u pripremljenu posudu i lagano lupnite posudu o radnu površinu kako biste ravnomjerno rasporedili i ujednačili veličinu mjehurića.

l) Pecite kolač dok tester umetnut u sredinu ne izađe čist, a vrh se ne napuhne i odskoči natrag kada se lagano pritisne, 30-35 minuta . Odmah preokrenite tortu na rešetku, skinite pergament i okrenite desnu stranu prema gore.

m) Pustite da se ohladi (gornji dio će se spljoštiti dok se hladi). Preokrenite kolač na tortu ili drugi veliki tanjur tako da kora od sezama bude na vrhu.

n) Tucite ohlađenu smjesu zagorjelog meda i vrhnja u čistoj zdjeli samostojećeg miksera opremljenog nastavkom za mućenje (srednja zdjela i pjenjača također će raditi) dok se ne formiraju srednje čvrsti vrhovi. (Želite onu savršenu konzistenciju, gdje zadržava svoj oblik na tanjuru, ali još uvijek ima malo opuštenosti.)

o) Za posluživanje narežite kolač na šest kriški nazubljenim nožem, dugim, nježnim pokretom piljenja. To će pomoći u očuvanju mrvica kolača i dati vam čistu krišku. Podijelite, s prerezanom stranom prema dolje, na tanjure i žlicom stavite nekoliko punih žlica vrhnja od zagorjelog meda.

p) Vilicom izvadite 3-4 komada rabarbare iz sirupa i posložite uz kolač.

q) Po želji prelijte kolač s malo sirupa od rabarbare.

47. Torta od šifona s komadićima čokolade

SASTOJCI:
- 2¼ šalice brašna
- 1 žlica praška za pecivo
- 1 žličica soli
- 1¾ šalice šećera
- ½ šalice biljnog ulja
- ¾ šalice vode
- 5 žumanjaka
- 2 žličice ekstrakta vanilije
- 7 bjelanjaka
- ½ žličice kreme od tartara
- 1 unca (3 kvadrata) nezaslađene čokolade, naribane
- 1 unca (3 kvadrata) nezaslađene čokolade
- 3 žlice masti
- 2 šalice šećera u prahu, prosijanog
- ¼ šalice (+1 žlica) mlijeka
- 1 žličica ekstrakta vanilije

UPUTE:
a) Prosijte zajedno brašno, prašak za pecivo, sol i šećer. Napravite udubinu u sredini suhih sastojaka.
b) Dodajte ulje, vodu, žumanjke i vaniliju. Miješajte električnom miješalicom srednjom brzinom 2 minute.
c) U posebnoj zdjeli velikom brzinom tucite bjelanjke i tartar dok se ne stvore čvrsti snijeg.
d) Smjesu žumanjaka u tankom ravnomjernom mlazu ulijte po cijeloj površini bjelanjaka. Bjelanjke nježno umiješajte u smjesu žumanjaka.
e) Umiješajte naribanu čokoladu. Ulijte tijesto u nenamazanu posudu od 10 inča, ravnomjerno rasporedite lopaticom.
f) Pecite na 325°F 55 minuta. Povećajte temperaturu na 350°F i pecite dodatnih 10 minuta ili dok kolač ne poskoči na lagani dodir.
g) Izvadite iz pećnice; preokrenite posudu i ostavite kolač da se hladi 40 minuta.
h) Uskom metalnom lopaticom odvojite kolač od stijenki kalupa, a zatim ga izvadite iz kalupa.

GLAZURA:

i) Pomiješajte čokoladu i mast na vrhu kuhala za paru. Zakuhajte vodu; smanjite vatru i kuhajte dok se čokolada ne otopi uz povremeno miješanje.
j) Dodajte šećer i miješajte dok ne postane glatko.
k) Dodajte mlijeko i preostale sastojke; miješajte dok glazura ne postane glatka.
l) Premažite glazuru na vrh i strane torte.
m) Uživajte u dekadentnoj torti od čokoladnog šifona!

48.Torta od šifona limun-mak

SASTOJCI:
- 2¼ šalice neprosijanog brašna za kolače
- 1¼ šalice šećera
- 3 žlice maka
- 1 žlica praška za pecivo
- 1 žlica sitno naribane limunove korice
- ¼ žličice soli
- 8 većih bjelanjaka, sobne temperature
- ½ žličice kreme od tartara
- 4 velika žumanjka
- ½ šalice uljane repice ili drugog biljnog ulja
- ½ šalice vode
- ¼ šalice soka od limuna
- 1 žličica ekstrakta limuna

UPUTE:
a) U srednjoj zdjeli pomiješajte brašno, 1 šalicu šećera, mak, prašak za pecivo, limunovu koricu i sol. Staviti na stranu.
b) Zagrijte pećnicu na 325°F. U velikoj zdjeli, električnom miješalicom na velikoj brzini, tucite bjelanjke i tartar dok ne dobijete meke vrhove. Postupno tucite preostalih ¼ šalice šećera dok se ne formiraju čvrsti vrhovi. Tučene bjelanjke ostaviti sa strane.
c) Napravite udubinu u sredini smjese brašna. Dodajte žumanjke, ulje, vodu, limunov sok i ekstrakt limuna; tucite mikserom na srednjoj brzini dok smjesa ne postane glatka. Vrlo nježno umiješajte tijesto od limuna u tučene bjelanjke dok se jednolično ne sjedini.
d) Raširite tijesto u nepodmazanu posudu od 10 inča s dnom koje se može ukloniti.
e) Pecite 65 do 70 minuta ili dok tester za kolače umetnut blizu sredine kolača ne izađe čist.
f) Preokrenite posudu preko lijevka ili boce i potpuno ohladite. Za vađenje kolača iz kalupa upotrijebite malu metalnu lopaticu kako biste pažljivo razriješili kolač oko kalupa. Uklonite stijenku posude. Olabavite središte i dno te izvadite dno kalupa iz kolača.
g) Stavite tortu, desnom stranom prema gore, na tanjur za posluživanje ; narežite i poslužite.
h) Uživajte u svojoj divnoj šifon torti od limuna i maka!

49. Šifonska torta Earl Grey

SASTOJCI:
- 6 velikih jaja, odvojenih
- 1/2 šalice granuliranog šećera
- 1/4 šalice biljnog ulja
- 1/4 šalice mlijeka
- 1 žličica ekstrakta vanilije
- 1/4 šalice jako kuhanog Earl Grey čaja, ohlađenog
- 1 1/4 šalice brašna za kolače
- 1 žlica listova čaja Earl Grey (po želji)
- 1 žličica praška za pecivo
- 1/4 žličice soli

UPUTE:
a) Zagrijte pećnicu na 325°F (160°C). Namastite i pobrašnite šifon kalup za torte.
b) U velikoj zdjeli za miješanje tucite žumanjke sa šećerom dok ne postanu kremasti. Dodajte biljno ulje, mlijeko, ekstrakt vanilije i skuhani Earl Grey čaj. Dobro promiješajte.
c) Prosijte brašno za kolače, listiće čaja po želji, prašak za pecivo i sol. Postupno dodajte suhe sastojke u smjesu žumanjaka, miksajući dok ne postane glatka.
d) U posebnoj čistoj posudi istucite bjelanjke dok ne postanu pjenasti. Postupno dodajte šećer i nastavite tući dok se ne formiraju čvrsti vrhovi.
e) Nježno umiješajte tučene bjelanjke u tijesto dok se potpuno ne sjedine.
f) Ulijte tijesto u pripremljeni kalup za tortu od šifona i poravnajte vrh.
g) Pecite u prethodno zagrijanoj pećnici 40-45 minuta ili dok čačkalica zabodena u sredinu ne izađe čista.
h) Kad je pečeno, izvadite iz pećnice i odmah preokrenite tepsiju na rešetku da se potpuno ohladi.
i) Kada se ohladi, tortu pažljivo izvadite iz kalupa i poslužite kriške posute šećerom u prahu ili s malo tučenog vrhnja.

50.Šifon torta od lavande

SASTOJCI:
SPUŽVA OD ŠIFONA OD LAVANDE
- 7 jaja (sobne temp.)
- 300g šećera
- 100 ml suncokretovog ulja
- 300 g višenamjenskog brašna
- 4 žličice praška za pecivo
- 160 ml punomasnog mlijeka
- 1 žličica ekstrakta lavande

ŠVICARSKA KREMA OD MASLACA MERINGUE
- 270 g šećera
- 65 ml vode
- 5 bjelanjaka
- 340 g maslaca (sobne temp.)
- Nekoliko kapi ekstrakta lavande
- Boja za hranu (ljubičasta + roza)

UPUTE:
NAPRAVITE TORTU OD ŠIFONA OD LAVANDE
a) Prethodno zagrijte pećnicu na 175°C (375°F).
b) Kalupe premažite maslacem i pobrašnite, a podlogu obložite papirom za pečenje.
c) Umutite 6 žumanjaka, šećer i ekstrakt lavande električnom miješalicom dok ne postane pjenasto.
d) Polako dodajte suncokretovo ulje uz miješanje.
e) U posebnoj zdjeli električnom miješalicom umutiti snijeg od 7 bjelanjaka.
f) Naizmjenično dodajte mlijeko i brašno u smjesu i miješajte dok se ne sjedini.
g) Zatim nježno umiješajte bjelanjke u tijesto.
h) Tijesto ravnomjerno rasporedite između tri kalupa za torte.
i) Kolač pecite 25 do 30 minuta.
j) PSA: Svaka pećnica je jedinstvena pa je moguće da vaša pećnica zahtijeva kraće ili duže vrijeme pečenja.
k) Zabodite čačkalicu u jedan kolač na oznaci od 20 minuta kako biste procijenili koliko će kolaču još trebati u pećnici.

l) Izvadite kalupe iz pećnice.
m) Svaku tortu zajedno s kalupom okrenuti naopako u tepsiju obloženu papirom za pečenje. To će spriječiti da spužva potone.
n) Pustite da se ohladi 20 minuta, a zatim izvadite iz kalupa. Ostavite da odstoji dok se ne ohladi na rešetki.

ŠVICARSKA KREMA OD MASLACA OD LAVANDE
o) Šećer i vodu stavite u lonac i zakuhajte.
p) U zdjelu samostojećeg miksera s nastavkom za mućenje dodajte snijeg od 5 bjelanjaka.
q) Kada šećer dosegne 116°C (240°F), počnite mutiti bjelanjke u čvrsti snijeg.
r) Kad šećer dosegne 121°C (250°F), maknite ga sa štednjaka i polako ulijevajte u tučene bjelanjke uz lagano mućenje.
s) Nakon što ste dodali sav sirup, povećajte brzinu i miksajte dok se smjesa ne ohladi do mlake, a meringa postane čvrsta i pahuljasta.
t) Maslac narezati na sitne komadiće i dodavati malo po malo i dalje muteći. Tekstura će izgledati sjajno i glatko.
u) Dodajte ekstrakt lavande.
v) Ako meringue izgleda tekuće ili cijepano, ostavite ga u zamrzivaču nekoliko minuta i ponovno promiješajte.

SASTAVLJANJE TORTE
w) Pomoću ravnalice za kolače uklonite vrh svake torte. Uklonite donji dio torte koji će biti srednji sloj. Sva 3 sloja treba podrezati na istu visinu.
x) Stavite dasku za tortu na okretni kalup za tortu i dodajte malo meringue.
y) Stavite donji sloj torte na dasku za torte. Strana s mrvicama treba biti okrenuta prema dolje.
z) Premažite spužvu šećernim sirupom po želji.
aa) Spatulom premažite sloj puter kreme.
bb) Dodajte drugi sloj i ponovite gornji korak.
cc) Stavite treći i posljednji sloj na vrh.
dd) Nanesite tanak sloj kreme od maslaca po cijeloj torti, na vrhu i sa strane, kako biste je premazali mrvicama.
ee) Stavite u hladnjak na 25 minuta.

ff) Odvojite 1/3 preostale švicarske meringue putterkreme i dodajte prehrambenu boju da postignete lila boju.
gg) Stavite bijelu i lila kremu od maslaca u svaku vrećicu.
hh) Nanesite lila meringue na bočnu stranu torte od dna do otprilike polovice visine torte, zatim dodajte bijeli meringue na bočnu i gornju stranu torte.
ii) Koristeći strugač, izravnajte kremu od maslaca do lijepo ravnomjernog sloja i dodajte još malo da zakrpate sve rupe. Trebali biste postići lijep gradijent od ljubičaste do bijele.
jj) Ohladite 20 minuta u hladnjaku.

Držite svaku boju kreme od maslaca u vlastitoj veličini i stavite je u veću vrećicu sa zvjezdastim vrhom.

Rasporedite cvijeće po cijeloj torti. Pokrio sam vrh cvijećem, a zatim sporadično cvijeće sa strane.

Ohladite nekoliko minuta i uživajte!

51. Šifon torta od kokosa

SASTOJCI:

- 6 velikih jaja, odvojenih
- 1 šalica granuliranog šećera
- 1/4 šalice biljnog ulja
- 1/2 šalice kokosovog mlijeka
- 1 žličica ekstrakta vanilije
- 1 1/4 šalice brašna za kolače
- 1 žličica praška za pecivo
- 1/4 žličice soli
- 1 šalica nasjeckanog kokosa (zaslađenog ili nezaslađenog)

UPUTE:

a) Zagrijte pećnicu na 325°F (160°C). Namastite i pobrašnite šifon kalup za torte.
b) U velikoj zdjeli za miješanje tucite žumanjke sa šećerom dok ne postanu kremasti. Dodajte biljno ulje, kokosovo mlijeko i ekstrakt vanilije. Dobro promiješajte.
c) Prosijte zajedno brašno za kolače, prašak za pecivo i sol. Postupno dodajte suhe sastojke u smjesu žumanjaka, miksajući dok ne postane glatka.
d) Umiješajte nasjeckani kokos dok se ravnomjerno ne rasporedi.
e) U posebnoj čistoj posudi istucite bjelanjke dok ne postanu pjenasti. Postupno dodajte šećer i nastavite tući dok se ne formiraju čvrsti vrhovi.
f) Nježno umiješajte tučene bjelanjke u tijesto dok se potpuno ne sjedine.
g) Ulijte tijesto u pripremljeni kalup za tortu od šifona i poravnajte vrh.
h) Pecite u prethodno zagrijanoj pećnici 40-45 minuta ili dok čačkalica zabodena u sredinu ne izađe čista.
i) Kad je pečeno, izvadite iz pećnice i odmah preokrenite tepsiju na rešetku da se potpuno ohladi.
j) Kada se ohladi, tortu pažljivo izvadite iz kalupa i poslužite kriške ukrašene tostiranim kokosovim lističima ili glazurom od kokosa.

52.Kolač od šifona od pistacija

SASTOJCI:
- 6 velikih jaja, odvojenih
- 1 šalica granuliranog šećera, podijeljena
- 1/4 šalice biljnog ulja
- 1/4 šalice mlijeka
- 1 žličica ekstrakta vanilije
- 1 šalica sitno mljevenih pistacija
- 1 šalica brašna za kolače
- 1 žličica praška za pecivo
- 1/4 žličice soli
- Zelena prehrambena boja (po izboru)

UPUTE:
a) Zagrijte pećnicu na 325°F (160°C). Namastite i pobrašnite šifon kalup za torte.
b) U velikoj zdjeli za miješanje tucite žumanjke s 1/2 šalice šećera dok ne postanu blijedi i kremasti. Dodajte biljno ulje, mlijeko i ekstrakt vanilije. Dobro promiješajte.
c) Umiješajte sitno mljevene pistacije.
d) Prosijte zajedno brašno za kolače, prašak za pecivo i sol. Postupno dodajte suhe sastojke u smjesu žumanjaka, miksajući dok ne postane glatka. Po želji dodajte zelenu prehrambenu boju za jarku boju.
e) U posebnoj čistoj posudi istucite bjelanjke dok ne postanu pjenasti. Postupno dodajte preostalu 1/2 šalice šećera i nastavite tući dok se ne formiraju čvrsti vrhovi.
f) Nježno umiješajte tučene bjelanjke u tijesto dok se potpuno ne sjedine.
g) Ulijte tijesto u pripremljeni kalup za tortu od šifona i poravnajte vrh.
h) Pecite u prethodno zagrijanoj pećnici 40-45 minuta ili dok čačkalica zabodena u sredinu ne izađe čista.
i) Kad je pečeno, izvadite iz pećnice i odmah preokrenite tepsiju na rešetku da se potpuno ohladi.
j) Kada se ohladi, tortu pažljivo izvadite iz kalupa i poslužite kriške posute šećerom u prahu ili ukrašene nasjeckanim pistaćima.

ZAMRZNUTE POSLASTICE OD ŠIFONA

53. Chiffon paperje od trešnje

SASTOJCI:
- 21 unca nadjeva za pitu od višanja; redoviti ili lagani
- 14 unci zaslađenog kondenziranog mlijeka; ili 8 unci običnog jogurta
- 8 unci Cool Whip; regular ili lite
- 14 unci komadića ananasa; ocijeđeno
- 1 šalica minijaturnog marshmallowa

UPUTE:
a) U velikoj zdjeli pomiješajte nadjev za pitu od višanja, zaslađeno kondenzirano mlijeko (ili obični jogurt) , Cool Whip, ocijeđeni komadić ananasa i minijaturne marshmallow kolačiće.
b) Nježno pomiješajte sastojke dok se dobro ne izmiješaju.
c) Žlicom stavljajte smjesu u zdjelu za posluživanje.
d) Ohladite desert prije posluživanja.

54. Torta od šifonske ledenice

SASTOJCI:
- 2 pakiranja (veličina 4 porcije) ILI 1 pakiranje (veličina 8 porcija) želatine (okus crne maline, naranče ili crne trešnje)
- 2 šalice kipuće vode
- 1 litra sladoleda od vanilije
- 12 Ladyfingers, split
- Tučeni preljev, svježe voće i listići mente (po želji za ukras)

UPUTE:
a) Želatinu u potpunosti otopite u kipućoj vodi.
b) U želatinu po žlicama dodavati sladoled od vanilije miješajući dok se potpuno ne otopi.
c) Ohladite smjesu dok se ne zgusne, ali još uvijek bude žlicom (nije potpuno stvrdnuta).
d) U međuvremenu odrežite oko 1 inč ženskih prstiju i stavite odrezane krajeve prema dolje oko strane posude s oprugom od 8 inča. Uvjerite se da su zaobljene stranice ženskih prstiju okrenute prema vanjskoj strani tave.
e) Žlicom stavljajte zgusnutu smjesu želatine u tavu.
f) Ohladite desert dok se ne stegne, otprilike 3 sata.
g) Uklonite bočnu stranu kalupa za opruge.
h) Po želji ukrasite tučenim preljevom, svježim voćem i listićima mente.

55. Sladoled od šifona limete

SASTOJCI:
- ½ šalice svježe iscijeđenog i procijeđenog soka od limete (od otprilike 4 limete)
- 1 šalica šećera
- 16 unci kiselog vrhnja
- 1-2 kapi prehrambene boje po želji

UKRASI PO IZBORU:
- Korica limete

UPUTE:
a) Započnite miješanjem soka limete i šećera dok se šećer potpuno ne otopi.
b) U smjesu limete i šećera dodajte kiselo vrhnje i prehrambenu boju po želji. Umutiti ili dobro promiješati dok se ne dobije glatka i dobro spojena smjesa. Alternativno, to se može učiniti pomoću procesora hrane za dodatnu pogodnost.
c) Slijedite upute vašeg proizvođača sladoleda za obradu smjese. Nakon što je obrađen, premjestite mekani sladoled u kalup, pokrijte ga i ostavite da se zamrzne dok ne postane čvrst.
d) Za posluživanje ukrasite sladoled od šifona limete opcionalnom koricom limete za dodatni okus.

56.Lime Šifon Semifreddo

SASTOJCI:
- 4 veća bjelanjka
- 1 šalica šećera u prahu, prosijanog
- 1 ½ šalice vrhnja za šlag
- ½ šalice kiselog vrhnja
- 2 žlice svježeg soka od limete
- 2 žličice sitno naribane korice limete

UPUTE:
a) Osam ramekina od 5 unci potpuno obložite plastičnom folijom, pazeći da folija visi preko stranica. Ramekins stavite na pladanj i zamrznite.
b) Bjelanjke umutiti u pjenast snijeg. Dodajte ¼ šalice šećera u prahu i nastavite mutiti dok bjelanjci ne poprime čvrsti vrh.
c) U drugoj zdjeli umutite vrhnje do mekog vrha. Smanjite brzinu i dodajte preostalih ¾ šalice šećera u prahu, kiselo vrhnje, sok limete i koricu limete.
d) U umućene bjelanjke dodajte veliku žlicu smjese za vrhnje i nježno umiješajte. Bjelanjke u dva dijela umiješajte u kremu.
e) Ulijte smjesu u pripremljene ramekine, pokrijte i zamrznite najmanje četiri sata.
f) Za posluživanje okrenite polufreddoe na tanjur i skinite plastičnu foliju.

57. Šifon sorbet od limuna

SASTOJCI:
- 1 šalica svježeg soka od limuna
- 1 žlica limunove korice
- 1 šalica granuliranog šećera
- 1/2 šalice vode
- 1 šalica gustog vrhnja
- 3 veća bjelanjka
- Prstohvat soli

UPUTE:
a) U loncu pomiješajte šećer, vodu, limunov sok i limunovu koricu. Zagrijte na srednjoj vatri, miješajući dok se šećer potpuno ne otopi . Maknite s vatre i ostavite da se ohladi.
b) U zdjeli za miješanje umutite čvrsto vrhnje dok se ne formiraju čvrsti vrhovi. Staviti na stranu.
c) U drugoj čistoj posudi za miješanje tucite bjelanjke s prstohvatom soli dok se ne stvore čvrsti snijeg.
d) Nježno umiješajte šlag u smjesu s limunom dok se dobro ne sjedini.
e) Zatim umiješajte tučene bjelanjke dok ne ostanu tragovi.
f) Ulijte smjesu u posudu prikladnu za zamrzavanje, poklopite i zamrznite najmanje 6 sati ili dok se ne stegne.
g) Poslužite sorbet od šifona limuna izdubljen u zdjelice ili kornete, po želji ukrašen kriškama svježeg limuna ili listićima mente.

58. Raspberry Chiffon Frozen Yogurt

SASTOJCI:
- 2 šalice svježih ili smrznutih malina
- 1/2 šalice granuliranog šećera
- 2 šalice grčkog jogurta
- 1 šalica gustog vrhnja
- 3 veća bjelanjka
- Prstohvat soli

UPUTE:
a) U blenderu ili procesoru hrane pasirajte maline dok ne postanu glatke. Procijedite pire kroz fino sito kako biste uklonili sjemenke.
b) U zdjeli za miješanje pomiješajte pire od malina i šećer dok se šećer ne otopi .
c) U drugoj zdjeli za miješanje umutite čvrsto vrhnje dok se ne stvore čvrsti vrhovi. Staviti na stranu.
d) U čistoj zdjeli za miješanje istucite bjelanjke s prstohvatom soli dok se ne stvore čvrsti snijeg.
e) Nježno umiješajte grčki jogurt u smjesu s malinama dok se dobro ne sjedini.
f) Zatim dodajte šlag dok ne ostanu tragovi.
g) Na kraju umiješajte tučene bjelanjke dok se ravnomjerno ne raspodijele.
h) Ulijte smjesu u posudu prikladnu za zamrzavanje, poklopite i zamrznite najmanje 6 sati ili dok se ne stegne.
i) Poslužite smrznuti jogurt od šifona maline izdubljen u zdjelice ili kornete, ukrašen svježim malinama ili prelivom umaka od malina po želji.

59. Slatkiši od šifona od manga

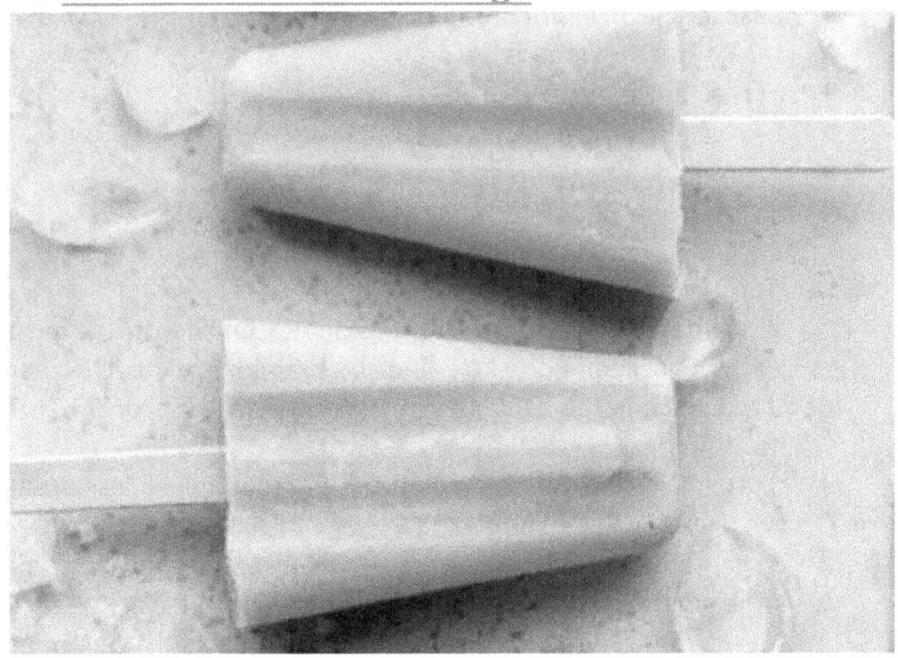

SASTOJCI:
- 2 šalice zrelih komadića manga
- 1/2 šalice granuliranog šećera
- 1 šalica gustog vrhnja
- 1/2 šalice grčkog jogurta
- 2 žlice svježeg soka od limete
- Prstohvat soli

UPUTE:
a) U blenderu ili procesoru hrane pasirajte komade manga dok ne postanu glatki.
b) U zdjeli za miješanje pomiješajte pire od manga, šećer, gusto vrhnje, grčki jogurt, sok limete i prstohvat soli. Miješajte dok se dobro ne sjedini.
c) Smjesu ulijte u kalupe za sladoled , ostavite malo prostora na vrhu za širenje.
d) Umetnite štapiće za sladoled u kalupe i zamrznite najmanje 4 sata ili dok se potpuno ne stvrdnu.
e) Da biste izvadili sladoled od kalupa, kratko prođite toplom vodom po vanjskoj strani kalupa da olabavite.
f) Poslužite mango šifon sladoled odmah i uživajte u osvježavajućem tropskom okusu!

60.Pita od šifona u ledenici od jagoda

SASTOJCI:
- 1 unaprijed napravljena kora od graham krekera (ili domaća ako želite)
- 2 šalice svježih jagoda, oljuštenih i narezanih
- 1/4 šalice granuliranog šećera
- 1 žlica soka od limuna
- 1 šalica gustog vrhnja
- 1/2 šalice šećera u prahu
- 1 žličica ekstrakta vanilije

UPUTE:
a) U posudi za miješanje pomiješajte narezane jagode, granulirani šećer i limunov sok. Pustite ih da odstoje oko 10 minuta da puste sok.
b) U posebnoj zdjeli za miješanje umutite čvrsto vrhnje sa šećerom u prahu i ekstraktom vanilije dok se ne formiraju čvrsti vrhovi.
c) Lagano umiješajte smjesu jagoda u šlag dok se ravnomjerno ne rasporedi.
d) Ulijte smjesu u pripremljenu koru graham krekera, ravnomjerno je rasporedite.
e) Pokrijte pitu plastičnom folijom i zamrznite najmanje 4 sata ili dok se ne stegne.
f) Prije posluživanja ostavite pitu nekoliko minuta na sobnoj temperaturi da malo omekša.
g) Narežite i poslužite pitu od šifona od jagoda ohlađenu, po želji ukrašenu dodatnim narezanim jagodama.

61. Smrznuta krema od šifona borovnice

SASTOJCI:

- 2 šalice svježih ili smrznutih borovnica
- 1/2 šalice granuliranog šećera
- 1 šalica gustog vrhnja
- 1 šalica punomasnog mlijeka
- 4 velika žumanjka
- 1 žličica ekstrakta vanilije
- Prstohvat soli

UPUTE:

a) U loncu pomiješajte borovnice i šećer. Kuhajte na srednjoj vatri dok se borovnice ne raspadnu i puste sok, oko 5-7 minuta. Maknite s vatre i ostavite da se malo ohladi.
b) U posebnoj posudi zagrijte vrhnje i mlijeko na pari, ali ne do vrenja.
c) U zdjeli za miješanje umutite žumanjke dok ne postanu glatki. Vruću smjesu vrhnja polagano ulijevajte u žumanjke neprestano miješajući da se jaja temperiraju.
d) Smjesu vratite u lonac i kuhajte na laganoj vatri uz stalno miješanje dok se krema ne zgusne toliko da može premazati poleđinu žlice.
e) Maknite s vatre i procijedite kremu kroz fino sito u čistu zdjelu. Umiješajte ekstrakt vanilije i prstohvat soli.
f) Pustite da se krema malo ohladi, a zatim umiješajte smjesu kuhanih borovnica dok se ravnomjerno ne rasporedi.
g) Ulijte smjesu u aparat za sladoled i miksajte prema uputama proizvođača dok ne postane gusta i kremasta.
h) Premjestite smrznutu kremu u posudu prikladnu za zamrzavanje, poklopite i zamrznite najmanje 4 sata ili dok se ne stegne.
i) Poslužite smrznutu kremu od šifona borovnice izvađenu u zdjelice ili kornete i uživajte u kremastoj, voćnoj poslastici!

62. Sladoledni sendviči od šifona i kokosa

SASTOJCI:
- 1 serija kolača od šifona od kokosa (upotrijebite bilo koji recept za kolač od šifona, zamijenite obično mlijeko kokosovim mlijekom i dodajte naribani kokos)
- 2 šalice sladoleda od vanilije, omekšalog
- Naribani kokos, tostiran (po želji, za ukras)

UPUTE:
a) Pripremite kokos šifon tortu prema odabranom receptu. Neka se potpuno ohladi.
b) Nakon što se torta ohladi, okruglim kalupom za kekse izrežite krugove torte.
c) Na donju stranu jednog kruga torte stavite kuglicu omekšalog sladoleda od vanilije. Na vrh stavite drugi krug kolača kako biste oblikovali sendvič.
d) Po želji rubove sladolednog sendviča uvaljajte u prženi naribani kokos.
e) Ponovite s preostalim krugovima torte i sladoledom.
f) Sastavljene sladoledne sendviče stavite na lim za pečenje obložen papirom za pečenje i zamrznite najmanje 2 sata ili dok se ne stvrdnu.
g) Poslužite sladoledne sendviče od kokosa i šifona ohlađene i uživajte u prekrasnoj kombinaciji pahuljastog kolača i kremastog sladoleda!

63.Slatkiši od šifona boje breskve

SASTOJCI:
- 2 šalice zrelih breskvi, oguljenih i narezanih na kockice
- 1/4 šalice granuliranog šećera
- 1 šalica grčkog jogurta
- 1/2 šalice gustog vrhnja
- 1 žlica soka od limuna

UPUTE:
a) U blenderu ili procesoru hrane pasirajte breskve narezane na kockice dok ne postanu glatke.
b) U posudi za miješanje pomiješajte pire od breskve, šećer, grčki jogurt, vrhnje i limunov sok. Miješajte dok se dobro ne sjedini.
c) Smjesu ulijte u kalupe za sladoled, ostavite malo prostora na vrhu za širenje.
d) Umetnite štapiće za sladoled u kalupe i zamrznite najmanje 4 sata ili dok se potpuno ne stvrdnu.
e) Da biste izvadili sladoled od kalupa, kratko prođite toplom vodom po vanjskoj strani kalupa da olabavite.
f) Poslužite sladoled od šifona breskve odmah i uživajte u osvježavajućem voćnom okusu!

TARTS

64. Šifon kolač od limete

SASTOJCI:
- 1 šalica višenamjenskog brašna
- 1 žlica naribane kore limete
- ¼ žličice soli
- 5 žlica neslanog maslaca
- 1½ žlice želatine bez okusa
- 2 žlice hladne vode
- ½ šalice plus 1 žlica šećera
- ¼ šalice svježeg soka od limete
- 2 velika jaja, odvojena, sobna temp.
- 2 žlice naribane kore limete
- 3 žlice šećera
- 1 žlica ledene vode
- 1 žumanjak
- 1-pinta košarice svježih borovnica
- ½ šalice ohlađenog vrhnja za šlag, tučenog do vrhunca
- Dodatne svježe borovnice
- Julienne od kore limete

UPUTE:
KORA:

a) Pomiješajte brašno, koricu limete i sol u velikoj zdjeli. Dodati maslac i rezati dok smjesa ne nalikuje grubom obroku.

b) U maloj šalici miješajte šećer, vodu i žumanjak dok se šećer ne otopi. Dodajte u smjesu brašna i miješajte dok se tijesto ne počne spajati.

c) Okrenite tijesto na lagano pobrašnjenu površinu. Skupite se u loptu; spljoštiti u disk. Zamotajte u plastičnu foliju i stavite u hladnjak na najmanje 1 sat. (Može se pripremiti 1 dan unaprijed.)

d) Zagrijte pećnicu na 400°F. Razvaljajte tijesto na lagano pobrašnjenoj površini na debljinu od ⅛ inča. Premjestite tijesto u kalup za tart promjera 9 inča s dnom koje se može ukloniti. Odrežite rubove, ostavljajući prevjes od ¼ inča. Pritisnite prevjes ¼ inča iznad ruba posude.

e) Obložiti tart folijom. Puniti suhim grahom ili utezima za pitu. Pecite 10 minuta. Uklonite suhi grah i foliju i pecite dok korica ne porumeni, oko 20 minuta. Cool.

PUNJENJE:

f) Pospite želatinu hladnom vodom u maloj posudi. Pustite da odstoji 15 minuta da omekša.
g) Stavite zdjelu u lonac s kipućom vodom i miješajte dok se želatina ne otopi. Izvaditi iz vode.
h) Pomiješajte ½ šalice šećera, sok od limete, žumanjke i 2 žlice kore limete u vrhu kuhala za kuhanje na ključanoj vodi dok ne bude vruće na dodir, oko 3 minute; nemojte kuhati.
i) Dodajte smjesu želatine i promiješajte da se sjedini. Premjestite u zdjelu.
j) Stavite zdjelu na veću zdjelu napunjenu ledom i vodom i miješajte dok se smjesa ne zgusne i počne brdati na žlici, oko 5 minuta.
k) Izvadite iz vode. Pomoću električne miješalice tucite bjelanjke u srednjoj zdjeli dok ne počnu nastajati. Postupno dodajte preostalu 1 žlicu šećera i tucite do mekog vrha. Bjelanjke umiješajte u smjesu limete.
l) Pospite 1 litru bobičastog voća po dnu tarta. Odmah žlicom rasporedite nadjev preko bobičastog voća tako da ih potpuno prekrijete. Ohladite dok se ne stegne, najmanje 3 do 8 sati.
m) Žlicom stavljajte šlag u slastičarsku vrećicu opremljenu vrhom srednje zvjezdice. Kremom za lulu ukrasno premažite rub torte.
n) Ukrasite tart dodatnim bobičastim voćem i julienneom od kore limete.

65.Šifon kolač od banane

SASTOJCI:
ZA BAZU:
- 3 unce maslaca
- 6 unci keksa od đumbira, zdrobljenog

ZA NADJEV I PRELJEV:
- Naribana korica i sok od 1 limuna
- 2 žličice želatine
- 3 banane, zgnječene
- 12 unci vrhnja za šlag
- 2 unce ricinusovog šećera

UPUTE:
a) Zagrijte pećnicu na 190 C/375 F/plin 5 . Otopite maslac u loncu na laganoj vatri. Maknite s vatre i umiješajte biskvitne mrvice dok se dobro ne sjedine.
b) Smjesu za biskvit utisnite u podlogu i stranice kalupa za pite od 23 cm (9 inča). Pecite 8 minuta, zatim ostavite da se potpuno ohladi.
c) U malom loncu pomiješajte limunov sok s 1 žlicom hladne vode. Preko smjese pospite želatinu i ostavite da upije. Lagano zagrijavajte dok ne bude bistro, a zatim maknite s vatre.
d) Pomiješajte zgnječene banane i koricu limuna. Dodajte smjesu želatine i dobro promiješajte.
e) Umutite 7 unci vrhnja dok se ne formiraju mekani vrhovi. Postupno dodajte ricinusov šećer dok se potpuno ne sjedini.
f) Smjesu kreme umiješajte u smjesu od banana i prelijte preko kore biskvita. Ohladite 30 minuta ili dok se ne stegne.
g) Za dekoraciju umutite preostalo vrhnje dok ne dobijete meke vrhove i premažite ga preko tarta.

66.Torta od šifona od bundeve

SASTOJCI:
ZA TART ŠKOLJKU:
- 1 prethodno pečena kora za kolač od 9 inča (pogledajte naš recept za slatko tijesto)

ZA NADJEV OD ŠIFONA BUNDEVE:
- 300 grama pirea od bundeve (nemojte koristiti nadjev za pitu od bundeve) (1 ¼ šalice)
- 150 grama svijetlo smeđeg šećera (¾ šalice)
- 4 velika žumanjka (bjelanjke sačuvajte za kasnije)
- 4 tekuće unce punomasnog mlijeka (½ šalice)
- ½ žličice soli
- 1 žličica mljevenog cimeta
- ¼ žličice mljevenog đumbira
- ¼ žličice mljevenog muškatnog oraščića
- 1 žlica želatine u prahu
- 3 žlice hladne vode (za otapanje želatine)
- 4 velika bjelanjka (po mogućnosti sobne temperature)
- 100 grama granuliranog šećera (½ šalice)

UPUTE:
a) Želatinu u prahu pospite hladnom vodom i ostavite sa strane da se želatina stegne.
b) U zdjeli otpornoj na toplinu pomiješajte pire od bundeve, smeđi šećer, mlijeko, žumanjke, sol, cimet, đumbir i muškatni oraščić. Dobro umutiti da se sjedini.
c) Postavite lonac s vodom da se kuha na laganoj pari. Stavite zdjelu na vrh posude s vodom koja se kuha na pari, pazeći da dno zdjele ne dodiruje vodu i da voda ne kipi. Smjesu od bundeve povremeno promiješajte i zagrijavajte dok ne dosegne 160°F - 180°F.
d) U zdjelu dodati stvrdnutu zelatinu i mutiti dok se zelatina potpuno ne otopi . Maknite zdjelu s vatre i ostavite sa strane da se malo ohladi.
e) Stavite bjelanjke u čistu zdjelu i počnite miksati ručnim mikserom ili samostalnim mikserom s nastavkom za pjenjaču. Miksajte srednjom brzinom dok bjelanjci ne postanu pjenasti. Polako

ulijevajte granulirani šećer nastavljajući miksati dok bjelanjci ne dostignu srednje vrhove.
f) Bjelanjke lagano umiješajte u ohlađenu smjesu od bundeve.
g) Ulijte šifon od bundeve u prethodno pečenu ljusku za tart, zaglađujući vrh.
h) Stavite tart u hladnjak dok se ne stegne (otprilike 2 sata).
i) Ukrasite po želji (npr. šlag, šećer u prahu i sl.). Uživati!

67. Šifonski kolač od marakuje

SASTOJCI:

TIJESTO:
- 1 šalica/140 g nebijeljenog brašna
- 3 žlice šećera
- ¼ žličice fine morske soli
- 6 žlica/85 g hladnog neslanog maslaca, narezanog na kockice od ½ in/12 mm
- 1 veliki žumanjak

PUNJENJE:
- ½ šalice/120 ml odmrznutog pirea od marakuje (maracuya ili parcha)
- 2 žličice želatine bez okusa
- 2 velika jaja, odvojena, na sobnoj temperaturi
- ⅓ šalice/65 g šećera
- ½ šalice/120 ml gustog vrhnja

UMAK:
- ⅔ šalice otopljenog smrznutog ili svježeg pirea od marakuje
- 3 žlice šećera ili više po ukusu
- 1 žličica kukuruznog škroba
- 1 žlica likera od marakuje ili jantarnog ruma
- 1 recept za šlag

UPUTE:

a) Zagrijte pećnicu na 375ºF/190ºC i postavite rešetku u sredinu.

KORA:

b) Mahunarsko brašno, šećer i sol izmiješajte u multipraktiku ili promiješajte u zdjeli. Dodajte hladan maslac i miksajte dok ne nalikuje grubom obroku.

c) Dodajte žumanjak i miksajte ili miješajte dok se tijesto ne sjedini. Utisnite tijesto u kalup za tart od 9 in/23 cm s dnom koje se može ukloniti, osiguravajući jednaku debljinu. Probodite tijesto vilicom. Zamrznite 15 minuta.

d) Tijesto obložite aluminijskom folijom, napunite utezima za pite ili suhim grahom i pecite dok se ne stegne i ne počne rumeniti (oko 15 minuta). Uklonite foliju i utege, pa nastavite peći dok lagano ne porumene (dodatnih 15 minuta). Neka se kora potpuno ohladi na rešetki.

PUNJENJE:

e) U malom loncu pomiješajte pire od marakuje i po vrhu pospite želatinu. Pustite da odstoji dok želatina ne omekša (oko 5 minuta). Kuhajte na laganoj vatri uz stalno miješanje dok ne zagrije, ali ne proključa i želatina se otopi . Maknite s vatre.

f) Istucite žumanjke i šećer do blijedožute i guste smjese. Umiješajte vruću smjesu želatine. Ohladite u ledenoj vodi dok se malo ne zgusne (oko 5 minuta). Izvadite iz ledene vode.

g) Istucite bjelanjke dok se ne stvore mekani snijeg. Nježno pomiješajte s mješavinom marakuje. Tucite vrhnje dok se ne formiraju čvrsti vrhovi, zatim umiješajte u smjesu marakuje. Nadjev rasporedite u ohlađenu koru za tart. Stavite u hladnjak dok se ne stegne (najmanje 2 sata ili najviše 24 sata).

UMAK:

h) U loncu zakuhajte pire od marakuje i šećer. Okus za slatkoću. Kukuruzni škrob otopite u likeru i umiješajte u pire. Pirjati dok se ne zgusne. Ohladite i stavite u hladnjak dok se ne ohladi (najmanje 2 sata ili najviše 1 dan).

i) Premjestite šlag u slastičarsku vrećicu s vrhom od ½ inča/12 mm. Nanesite kremu oko rubova torte. Uklonite stranice kalupa za tart, narežite i poslužite s umakom. Uživati!

68.Šifon kolači od slatkog krumpira

SASTOJCI:
ZA KORE:
- 8 unci višenamjenskog brašna
- 2 unce šećera u prahu/slastičarskog šećera
- Prstohvat soli
- 4 unce ohlađenog maslaca, narezanog na kockice od ½ inča
- ½ unce skraćeno
- 1 veće jaje, lagano tučeno
- ¼ žličice ekstrakta vanilije

ZA NADJEV:
- 1 omotnica ili 1 žlica želatine
- ½ šalice smeđeg šećera
- ½ žličice soli
- ½ žličice cimeta
- ½ žličice muškatnog oraščića
- ½ žličice đumbira
- 1 ¼ šalice pirea od slatkog krumpira, u mikrovalnoj pećnici
- 3 žumanjka
- ½ šalice mlijeka

UPUTE:
ZA KORE:
a) U sjeckalici pomiješajte višenamjensko brašno, šećer u prahu i sol.
b) Dodajte ohlađeni maslac narezan na kockice i mast. Miješajte dok se ne postigne fina tekstura poput krušnih mrvica .
c) Ekstrakt vanilije pomiješajte s razmućenim jajetom, pa dodajte u smjesu s brašnom uz uključen procesor. Prestanite čim se tijesto formira ; izbjegavajte pretjerano miješanje.
d) Izvadite tijesto, omotajte ga plastičnom folijom i ostavite u hladnjaku najmanje 30 minuta. Podijelite tijesto u male loptice koje odgovaraju kalupima za torte, zatim utisnite tijesto u kalupe kako biste napravili tartlete.
e) Izbodite tijesto vilicom. Pokrijte tartlete aluminijskom folijom i izvažite ih utezima za pite ili grahom. Pecite u prethodno zagrijanoj pećnici na 375°F 10 minuta.

f) Izvadite iz pećnice, izvadite utege i foliju i vratite tartlete da se zapeku još 5 - 8 minuta.

ZA NADJEV:

g) Prokuhajte želatinu s 2 žlice vode.
h) Zagrijte mlijeko i šećer dok se šećer ne otopi. Maknite s vatre i dodajte žumanjke, dobro promiješajte.
i) Dodajte želatinu i kuhajte dok se ne otopi, a smjesa zgusne. Ugasite vatru i dodajte zgnječeni slatki krumpir.
j) Stavite nadjev u vrećicu s velikim zvjezdastim vrhom i nalijte ga na pečene tartlete.
k) Pospite mljevenim narezanim bademima.
l) Uživajte u ovim divnim kolačima od šifona od slatkog krumpira sa savršenom mješavinom ljuskaste korice i začinjenog nadjeva od slatkog krumpira!

69.Torta od šifona od marelice

SASTOJCI:
ZA KORE:
- 5 unci kolačića od prhkog tijesta, izlomljenih (npr. Walkers)
- ⅔ šalice cijelih sirovih badema
- ¼ šalice šećera
- ½ žličice krupne soli
- 4 žlice neslanog maslaca, otopljenog

ZA NADJEV:
- 1 ¾ funte svježih marelica (oko 10), bez koštica i na četvrtine
- ¾ šalice vode plus ⅓ šalice hladne vode
- 1 ½ šalice šećera
- ½ žličice krupne soli
- 2 omotnice (4 ½ male žličice) želatine u prahu bez okusa
- 5 velikih jaja, odvojenih
- Sirovi bademi, nasjeckani, za ukras

UPUTE:
ZA KORE:
a) Zagrijte pećnicu na 350°F.
b) Izmutite kolačiće u procesoru hrane dok se ne stvore mrvice (oko 1 šalice).
c) Dodajte bademe, šećer i sol u procesor; procesirajte dok se bademi ne samelju.
d) Dodajte otopljeni maslac i miješajte dok se smjesa ne sjedini.
e) Ravnomjerno utisnite smjesu na dno i gore na strane kalupa za tart od 9 inča s odvojivim dnom.
f) Stavite u hladnjak dok se ne stegne, oko 15 minuta.
g) Pecite dok ne porumene, 17 do 20 minuta.
h) Prebacite na rešetku i ostavite da se ohladi.

ZA NADJEV:
i) U loncu zakuhajte marelice, ¾ šalice vode, ¾ šalice šećera i sol. Poklopite, smanjite vatru i pirjajte dok marelice ne omekšaju, oko 10 minuta. Maknite s vatre i ostavite da se ohladi 20 minuta.
j) Pasirajte marelice i tekućinu u blenderu. Procijedite kroz gusto cjedilo u zdjelu (trebate imati 3 šalice pirea; rezervirajte ½ šalice).

k) U maloj zdjeli pospite želatinu preostalom ⅓ šalice hladne vode i ostavite da stoji dok ne omekša, oko 5 minuta.
l) Zagrijte 2 ½ šalice pirea od marelice u srednjoj tavi na srednje jakoj temperaturi. Omekšalu želatinu umutiti u pire i miješati dok se želatina ne otopi.
m) Pripremite kupku s ledenom vodom. U srednjoj zdjeli pjenasto izmiješajte žumanjke i ½ šalice šećera. Umiješajte jednu trećinu smjese marelice i želatine, pa ulijte natrag u pleh.
n) Kuhajte na srednje jakoj vatri, neprestano miješajući, dok se ne zgusne, 2 do 3 minute. Ulijte kroz sito u zdjelu postavljenu u kupelj s ledenom vodom. Miješajte dok tek ne počne želirati, oko 5 minuta.
o) U posebnoj posudi umutite bjelanjke dok se ne stvore mekani snijeg. Postupno dodajte preostalih ¼ šalice šećera i miksajte dok se ne formiraju čvrsti vrhovi, oko 2 minute.
p) Trećinu bjelanjaka umiješajte u smjesu od marelice i želatine. Lagano umiješajte preostale bjelanjke.
q) Pustite da se ohladi, miješajući, dok smjesa ne postane dovoljno gusta da se gomila, 3 do 5 minuta.
r) Žlicom stavite koru (nagomilat će se).
s) Stavite pitu u hladnjak na 2 sata ili najviše 1 dan.
t) Prije posluživanja pospite ½ šalice pirea od marelice i pospite nasjeckanim orašastim plodovima.

70.Šifon kolač od maline

SASTOJCI:
- 1 već pripremljena kora za tart (kupljena ili domaća)
- 2 šalice svježih malina
- 1/4 šalice granuliranog šećera
- 1 žlica soka od limuna
- 1 omotnica želatine bez okusa
- 1/4 šalice hladne vode
- 1 šalica gustog vrhnja
- 1/4 šalice šećera u prahu
- Svježe maline, za ukras

UPUTE:
a) Koru za tart pripremite prema uputama na pakiranju ili prema odabranom receptu. Neka se potpuno ohladi.
b) U loncu pomiješajte svježe maline, granulirani šećer i limunov sok. Kuhajte na srednjoj vatri dok se maline ne raspadnu i puste sok, oko 5-7 minuta. Maknite s vatre i ostavite da se malo ohladi.
c) U manjoj zdjelici pospite želatinu hladnom vodom i ostavite oko 5 minuta da omekša.
d) Nakon što se smjesa malina malo ohladi, procijedite je kroz fino sito kako biste uklonili sjemenke, pritiskajući kako biste izvukli što više tekućine.
e) Procijeđenu tekućinu od malina vratite u lonac. Zagrijte na laganoj vatri dok se ne zagrije, ali ne zavrije. Dodajte omekšalu želatinu i miješajte dok se potpuno ne otopi. Maknite s vatre i ostavite da se ohladi na sobnu temperaturu.
f) U zdjeli za miješanje umutite čvrsto vrhnje sa šećerom u prahu dok se ne formiraju čvrsti vrhovi.
g) Ohlađenu smjesu od malina lagano umiješajte u šlag dok se dobro ne sjedini.
h) U ohlađenu koru za tart ulijte šifon nadjev od malina, ravnomjerno ga rasporedite.
i) Ostavite tart u hladnjaku najmanje 4 sata ili dok se ne stegne.
j) Prije posluživanja tart ukrasite svježim malinama. Narežite i poslužite ohlađeno.

71. Šifon kolač od kokosa

SASTOJCI:
- 1 već pripremljena kora za tart (kupljena ili domaća)
- 1 šalica zaslađenog naribanog kokosa, tostiranog
- 1 šalica kokosovog mlijeka
- 1/2 šalice granuliranog šećera
- 1 omotnica želatine bez okusa
- 1/4 šalice hladne vode
- 1 šalica gustog vrhnja
- 1/4 šalice šećera u prahu
- Pržene kokosove pahuljice, za ukras

UPUTE:
a) Koru za tart pripremite prema uputama na pakiranju ili prema odabranom receptu. Neka se potpuno ohladi.
b) Prepreženi naribani kokos ravnomjerno rasporedite po dnu ohlađene kore za tart.
c) U loncu zagrijte kokosovo mlijeko i granulirani šećer na srednje jakoj vatri dok se šećer ne otopi i smjesa ne postane topla, ali ne proključa.
d) U manjoj zdjelici pospite želatinu hladnom vodom i ostavite oko 5 minuta da omekša.
e) Kada se smjesa od kokosovog mlijeka zagrije, dodajte omekšalu želatinu i miješajte dok se potpuno ne otopi. Maknite s vatre i ostavite da se ohladi na sobnu temperaturu.
f) U zdjeli za miješanje umutite čvrsto vrhnje sa šećerom u prahu dok se ne formiraju čvrsti vrhovi.
g) Ohlađenu smjesu od kokosovog mlijeka lagano umiješajte u šlag dok se dobro ne sjedini.
h) Nadjev od kokosovog šifona ulijte u ohlađenu koru za tart, ravnomjerno ga rasporedite.
i) Ostavite tart u hladnjaku najmanje 4 sata ili dok se ne stegne.
j) Prije posluživanja tart ukrasite prepečenim kokosovim orahom. Narežite i poslužite ohlađeno.

72. Šifonski kolač od miješanog bobičastog voća

SASTOJCI:

- 1 već pripremljena kora za tart (kupljena ili domaća)
- 2 šalice miješanog svježeg bobičastog voća (kao što su jagode, borovnice i kupine)
- 1/4 šalice granuliranog šećera
- 1 žlica soka od limuna
- 1 omotnica želatine bez okusa
- 1/4 šalice hladne vode
- 1 šalica gustog vrhnja
- 1/4 šalice šećera u prahu
- Listići svježe mente, za ukras

UPUTE:

a) Koru za tart pripremite prema uputama na pakiranju ili prema odabranom receptu. Neka se potpuno ohladi.
b) U loncu pomiješajte izmiješano bobičasto voće, granulirani šećer i limunov sok. Kuhajte na srednjoj vatri dok bobičasto voće ne omekša i pusti sok, oko 5-7 minuta. Maknite s vatre i ostavite da se malo ohladi.
c) U manjoj zdjelici pospite želatinu hladnom vodom i ostavite oko 5 minuta da omekša.
d) Nakon što se smjesa bobičastog voća malo ohladi, procijedite je kroz fino sito kako biste uklonili sve sjemenke.
e) Procijeđenu tekućinu od bobičastog voća vratite u lonac. Zagrijte na laganoj vatri dok se ne zagrije, ali ne zavrije. Dodajte omekšalu želatinu i miješajte dok se potpuno ne otopi. Maknite s vatre i ostavite da se ohladi na sobnu temperaturu.
f) U zdjeli za miješanje umutite čvrsto vrhnje sa šećerom u prahu dok se ne formiraju čvrsti vrhovi.
g) Ohlađenu smjesu bobičastog voća nježno umiješajte u šlag dok se dobro ne sjedini.
h) Šifon nadjev od miješanog bobičastog voća ulijte u ohlađenu koru za tart, ravnomjerno ga rasporedite.
i) Ostavite tart u hladnjaku najmanje 4 sata ili dok se ne stegne.
j) Prije posluživanja tart ukrasite listićima svježe mente. Narežite i poslužite ohlađeno.

SLOJEVITI DESERI

73.Čokoladne šifonske posude

SASTOJCI:
- 1½ šalice obranog mlijeka
- 2 ovojnice želatine bez okusa
- 3 žlice nezaslađenog kakaa
- 2 žlice granuliranog šećera
- Nekoliko zrna soli
- 2 žličice ekstrakta vanilije
- 1 šalica kockica leda (6 do 8)
- 4 žličice poluslatkih čokoladnih strugotina

UPUTE:
a) Stavite mlijeko u lonac srednje veličine. Dodajte želatinu, kakao, šećer i sol. Miješajte na umjerenoj vatri dok se želatina potpuno ne otopi.
b) Uklonite lonac s vatre; dodajte vaniliju i žustro promiješajte vilicom ili žičanom pjenjačom da se sastojci dobro sjedine.
c) Ulijte smjesu u blender. Dodajte kockice leda, poklopite i miješajte srednjom brzinom dok se kockice leda ne otope.
d) Otklopite, jednom promiješajte gumenom lopaticom i ostavite smjesu da odstoji 2-3 minute da se ulije.
e) Žlicom rasporedite smjesu od čokoladnog šifona u 4 posude za desert ili čaše za parfe.
f) Svaku porciju prelijte 1 žličicom poluslatkih čokoladnih strugotina.
g) Uživajte u svojim divnim i ohlađenim čokoladnim šifon loncima!

74. Šifon puding od limuna

SASTOJCI:
- 1 šalica šećera
- 3 žlice maslaca
- 4 žlice brašna
- ¼ žličice soli
- ¼ šalice soka od limuna
- ½ limuna, naribana korica
- 1 šalica mlijeka
- 3 jaja, odvojena

UPUTE:
a) Pomiješajte šećer, brašno, sol i maslac.
b) Dodati limunov sok i naribanu koricu limuna pa dodati umućene žumanjke. Tucite dok se sastojci potpuno ne izmiješaju.
c) Dodajte mlijeko i umiješajte u smjesu.
d) Umiješajte čvrsti snijeg od bjelanjaka.
e) Smjesu izlijte u namašćenu posudu za pečenje i stavite je u šerpu s vrućom vodom.
f) Pecite na 350°F 45 minuta.
g) Poslužite toplo.

75. Šifonska sitnica od manga i limete

SASTOJCI:
- 4 žumanjka
- 2 žličice želatine u prahu
- 2 žličice sitno naribane korice limete
- ½ šalice soka od limete
- ⅔ šalice šećera u prahu
- 3 bjelanjka
- 2 srednja manga, tanko narezana
- ½ x 460 g okruglog dvostrukog biskvita bez nadjeva, izrezanog na komade od 2 cm (vidi napomenu)
- 300 ml gustog vrhnja, umutiti

UPUTE:
PRIPREMITE MJEŠAVINU ZA ŠIFON LIME
a) Pomiješajte žumanjke, želatinu, koricu limete, ⅓ šalice soka limete i pola šećera u zdjeli otpornoj na srednje visoke temperature.
b) Postavite zdjelu iznad srednje jake posude s kipućom vodom.
c) Miješajte smjesu na vatri 2 do 3 minute ili dok se ne zgusne.
d) Maknite zdjelu s vatre i ostavite da se ohladi.

PRIPREMITE MERINGUE
e) Električnom miješalicom tucite bjelanjke u zdjeli dok ne postanu mekani snijeg.
f) Postupno dodajte preostali šećer, miješajući nakon svakog dodavanja dok se šećer ne otopi.
g) Umiješajte meringu u smjesu limete, u dva dijela.

SASTAVI SITNICU
h) Pomiješajte ili obradite ⅓ manga dok ne postane glatko. Hladiti dok ne bude potrebno.
i) Rasporedite kolač na podnožje staklene zdjele za posluživanje od 2 litre (8 šalica).
j) Pospite preostalim sokom od limete .
k) Na vrh stavite preostali narezani mango.
l) Rasporedite smjesu od šifona limete preko manga.
m) Stavite u hladnjak na 3 sata ili preko noći, ako vrijeme dopušta.
n) Trifle nadjenite šlagom i prelijte pireom od manga.
o) Poslužite i uživajte u ovom divnom komadu od šifona od manga i limete.

76.Parfe torte od sira od šifona jagoda

SASTOJCI:
ZA NADJEV:
- 1 ¼ žličice želatine bez okusa (polovica paketića)
- ⅔ šalice soka od ananasa
- Pakiranje od 8 unci krem sira bez masti, omekšanog na sobnoj temperaturi ILI jogurta cijeđenog 24 sata
- 42 grama liofiliziranih jagoda (oko 1 šalica), samljevenih u prah
- 4 žlice granuliranog šećera
- 2 velika jaja, odvojena
- ¼ žličice košer soli

ZA KORE:
- 20 Graham krekera (5 listova), prerađenih u mrvice
- 1 žlica smeđeg šećera
- 1 žlica maslaca, otopljenog
- 2 prstohvata košer soli

UPUTE:
ZA KORE OD GRAHAM KREKERA:
a) Pomiješajte mrvice graham krekera, šećer i otopljeni maslac. Dobro promiješajte i pohranite u hermetički zatvorenu posudu.

ZA NADJEV:
b) Obradite liofilizirane jagode u procesoru hrane ili blenderu dok ne postanu fini prah. Staviti na stranu.

c) Umutite omekšali krem sir u zdjelu opremljenu mikserom. Dodajte jagode u prahu i tucite velikom brzinom dok smjesa ne postane kremasta i glatka.

d) U malom loncu pomiješajte želatinu i sok od ananasa. Ostavite sa strane da procvate oko 5 minuta.

e) U posebnoj posudi umutite bjelanjke dok se ne stvore čvrsti snijeg. Staviti na stranu.

f) Na laganoj vatri miješajte smjesu želatine dok se potpuno ne otopi. Maknite s vatre.

g) U drugoj posudi pjenasto miksajte žumanjke i šećer dok žumanjci ne poprime blijedožutu boju.

h) Za temperiranje žumanjka, postupno dodajte male količine tople želatinske smjese uz miješanje kako biste spriječili miješanje.

i) Pomiješajte temperiranu smjesu žumanjaka u lonac s preostalom smjesom želatine. Kuhajte na srednje laganoj vatri uz stalno miješanje dok se smjesa malo ne zgusne (oko 3-5 minuta).
j) Na niskoj brzini postupno dodajte oko ⅓ smjese želatine u smjesu krem sira. Ponavljajte dok se sva želatina ne uklopi. Maknite zdjelu s miksera.
k) Nježno umiješajte čvrsti snijeg od bjelanjaka dok se potpuno ne sjedini.

ZA SASTAVLJANJE PARFEA:
l) Žlicom stavite oko ½ šalice nadjeva od šifona u svaku šalicu za posluživanje.
m) Ponovite postupak za preostale parfe.
n) Stavite u hladnjak dok se ne stegne, otprilike 1 do 1 ½ sat.
o) Prije posluživanja po vrhu pospite 1 žlicu Graham Cracker Crust-a i ukrasite kockicama svježih jagoda.
p) Uživajte u ovim divnim parfe kolačima od sira od šifona jagoda, savršenoj poslastici za dobrodošlicu proljeću !

77. Tiramisu od šifona

SASTOJCI:
ZA TORTU OD ŠIFONA:
- 1 šalica brašna za kolače
- 1 šalica granuliranog šećera
- 1 žličica praška za pecivo
- ½ žličice soli
- ¼ šalice biljnog ulja
- ¼ šalice vode
- 6 velikih jaja, odvojenih
- 1 žličica ekstrakta vanilije
- ¼ žličice tartar kreme

ZA NADJEV TIRAMISU:
- 1 šalica jako kuhane kave, ohlađene
- ¼ šalice likera od kave (npr. Kahlúa)
- 3 žlice kakao praha, podijeljene
- 8 unci mascarpone sira, omekšalog
- 1 šalica gustog vrhnja
- ½ šalice šećera u prahu
- 1 žličica ekstrakta vanilije

ZA MONTAŽU:
- Kakao prah, za posipanje
- Čokoladne strugotine ili ribana čokolada

UPUTE:
TORTA OD ŠIFONA:
a) Zagrijte pećnicu na 325°F (163°C). Namastite i pobrašnite okrugli kalup za tortu od 9 inča.
b) U velikoj zdjeli pomiješajte brašno za kolače, šećer, prašak za pecivo i sol.
c) U posebnoj zdjeli pjenjačom izmiješajte ulje, vodu, žumanjke i ekstrakt vanilije.
d) Postupno dodajte mokre sastojke u suhe sastojke, miksajući dok smjesa ne postane glatka.
e) U drugoj čistoj, suhoj zdjeli tucite bjelanjke i tartar dok se ne stvore čvrsti snijeg.

f) Nježno umiješajte smjesu bjelanjaka u tijesto dok se dobro ne sjedini.
g) Ulijte tijesto u pripremljenu tepsiju i poravnajte vrh.
h) Pecite 35-40 minuta ili dok čačkalica zabodena u sredinu ne izađe čista.
i) Pustite da se kolač potpuno ohladi prije nego što ga izvadite iz kalupa.

TIRAMISU NADJEV:

j) U plitkoj posudi pomiješajte skuhanu kavu i liker od kave. Staviti na stranu.
k) U manju zdjelu prosijte 2 žlice kakaa u prahu.
l) U zdjeli za miješanje izmiksajte mascarpone sir, šećer u prahu i ekstrakt vanilije dok ne postane glatko.
m) U posebnoj zdjeli umutite vrhnje dok se ne formiraju čvrsti vrhovi.
n) Nježno umiješajte šlag u smjesu s mascarponeom dok se dobro ne sjedini.

SKUPŠTINA:

o) Ohlađenu tortu od šifona prerežite vodoravno na dva jednaka sloja.
p) Umočite svaki sloj kolača u smjesu od kave, pazeći da su dobro natopljeni, ali ne mokri.
q) Stavite jedan natopljeni sloj torte na dno posude za posluživanje.
r) Preko natopljenog sloja kolača rasporedite sloj smjese mascarponea.
s) Po sloju mascarponea pospite polovinu prosijanog kakaa u prahu.
t) Ponovite postupak s drugim slojem kolača, smjesom od mascarponea i preostalim kakaovim prahom.
u) Završite posipanjem vrha kakaom u prahu i ukrašavanjem čokoladnim strugotinama ili ribanom čokoladom.
v) Ostavite u hladnjaku najmanje 4 sata ili preko noći kako bi se okusi stopili.
w) Narežite i poslužite ohlađeno.

78. Šifon mousse od maline i bijele čokolade

SASTOJCI:
ZA TORTU OD ŠIFONA:
- 1 sloj torte od šifona (možete koristiti bilo koji recept za tortu od šifona)

ZA SLOJ PJENE OD MALINA:
- 2 šalice svježih malina
- 1/4 šalice granuliranog šećera
- 1 žlica soka od limuna
- 2 žličice želatine u prahu
- 1/4 šalice hladne vode
- 1 šalica gustog vrhnja

ZA MOUSSE SLOJ OD BIJELE ČOKOLADE:
- 6 unci bijele čokolade, nasjeckane
- 1 1/2 šalice gustog vrhnja, podijeljeno
- 1 žličica ekstrakta vanilije

UPUTE:
a) Pripremite koru od šifon torte prema odabranom receptu i ostavite da se potpuno ohladi.
b) Za sloj moussea od malina, izmiksajte maline u blenderu ili multipraktiku. Procijedite pire kroz fino sito kako biste uklonili sjemenke.
c) U loncu pomiješajte pire od malina, šećer i limunov sok. Kuhajte na srednjoj vatri dok se šećer ne otopi. Maknite s vatre.
d) U manjoj zdjelici pospite želatinu hladnom vodom i ostavite da nabuja 5 minuta. Stavite smjesu želatine u mikrovalnu 10-15 sekundi dok se ne otopi.
e) Otopljenu želatinu umiješajte u toplu smjesu od malina dok se dobro ne sjedini. Neka se ohladi na sobnoj temperaturi.
f) U zdjeli za miješanje umutite čvrsto vrhnje dok se ne formiraju čvrsti vrhovi. Nježno umiješajte tučeno vrhnje u smjesu od malina dok ne postane glatka i dobro sjedinjena.
g) Mousse od malina ravnomjerno rasporedite po sloju torte od šifona u zdjelici za posluživanje ili pojedinačnim čašama. Stavite u hladnjak dok pripremate mousse sloj od bijele čokolade.

h) Za sloj moussea od bijele čokolade otopite bijelu čokoladu s 1/2 šalice gustog vrhnja u zdjeli otpornoj na toplinu postavljenoj iznad lonca s ključalom vodom (kuhač na paru). Miješajte dok ne postane glatko i kremasto. Maknite s vatre i ostavite da se ohladi na sobnu temperaturu.
i) U drugoj zdjeli za miješanje umutite preostalu 1 šalicu vrhnja i ekstrakt vanilije dok se ne formiraju čvrsti vrhovi.
j) Nježno umiješajte tučeno vrhnje u ohlađenu smjesu bijele čokolade dok ne bude glatka i dobro spojena.
k) Mousse od bijele čokolade pažljivo rasporedite preko sloja moussea od malina.
l) Ohladite slojeviti desert najmanje 4 sata ili dok se ne stegne.
m) Prije posluživanja po želji ukrasite svježim malinama ili komadićima bijele čokolade. Uživajte u ukusnoj kombinaciji okusa maline i bijele čokolade!

79.Parfe od borovnice i limuna od šifona

SASTOJCI:
ZA TORTU OD ŠIFONA:
- 1 sloj torte od šifona (možete koristiti bilo koji recept za tortu od šifona)

ZA SLOJ OD KOMPOTA OD BOROVNICA:
- 2 šalice svježih ili smrznutih borovnica
- 1/4 šalice granuliranog šećera
- 1 žlica soka od limuna
- 1 žličica kukuruznog škroba
- 2 žlice hladne vode

ZA SLOJ PJENE OD LIMUNA:
- 1 šalica gustog vrhnja
- 1/4 šalice šećera u prahu
- Korica od 1 limuna
- 2 žlice soka od limuna
- 1 žličica želatine u prahu
- 2 žlice hladne vode

UPUTE:
a) Pripremite koru od šifon torte prema odabranom receptu i ostavite da se potpuno ohladi.
b) Za sloj kompota od borovnica, pomiješajte borovnice, šećer i limunov sok u loncu. Kuhajte na srednjoj vatri dok borovnice ne popucaju i puste sok.
c) U maloj posudi otopite kukuruzni škrob u hladnoj vodi. Umiješajte smjesu kukuruznog škroba u smjesu od borovnica i kuhajte dok se ne zgusne uz stalno miješanje. Maknite s vatre i ostavite da se ohladi na sobnu temperaturu.
d) Za sloj pjene od limuna, umutite čvrsto vrhnje, šećer u prahu, limunovu koricu i limunov sok dok se ne formiraju mekani vrhovi.
e) U manjoj zdjelici pospite želatinu hladnom vodom i ostavite da nabuja 5 minuta. Stavite smjesu želatine u mikrovalnu 10-15 sekundi dok se ne otopi.
f) Postupno dodajte otopljenu želatinu u smjesu šlaga, tukući dok se ne stvore čvrsti vrhovi.

g) Za sastavljanje parfea izmrvite šifonski sloj torte i podijelite ga u čaše za posluživanje.
h) Prekrijte sloj torte žlicom kompota od borovnica, a zatim sloj pjene od limuna.
i) Ponavljajte slojeve dok se čaše ne napune , završite s malom pjenom od limuna na vrhu.
j) Ostavite parfe u hladnjaku najmanje 2 sata ili dok se ne stegne.
k) Prije posluživanja po želji ukrasite svježim borovnicama i kriškama limuna. Uživajte u osvježavajućoj kombinaciji okusa borovnice i limuna!

80. sitnica od kokosa i ananasa

SASTOJCI:

ZA TORTU OD ŠIFONA:
- 1 sloj torte od šifona (možete koristiti bilo koji recept za tortu od šifona)

ZA SLOJ NADJEVA OD ANANASA:
- 2 šalice svježeg ananasa, narezanog na kockice
- 1/4 šalice granuliranog šećera
- 1 žlica kukuruznog škroba
- 2 žlice hladne vode
- 1/2 šalice naribanog kokosa

ZA SLOJ KOKOS KREMA:
- 1 limenka (13,5 oz) kokosovog mlijeka, ohlađeno
- 1/4 šalice šećera u prahu
- 1 žličica ekstrakta vanilije
- 1/2 šalice naribanog kokosa, tostiranog (po želji, za ukras)

UPUTE:

a) Pripremite koru od šifon torte prema odabranom receptu i ostavite da se potpuno ohladi.

b) Za nadjev od ananasa pomiješajte ananas narezan na kockice i šećer u loncu. Kuhajte na srednjoj vatri dok ananas ne omekša i pusti sok.

c) U maloj posudi otopite kukuruzni škrob u hladnoj vodi. Umiješajte smjesu kukuruznog škroba u smjesu od ananasa i kuhajte dok se ne zgusne uz stalno miješanje. Maknite s vatre i ostavite da se ohladi na sobnu temperaturu.

d) U smjesu od ananasa umiješajte nasjeckani kokos.

e) Za sloj kokosove kreme otvorite ohlađenu limenku kokosovog mlijeka i izvadite čvrstu kokosovu kremu koja se digla do vrha, ostavljajući za sobom kokosovu vodu. Stavite kokosovo vrhnje u zdjelu za miješanje.

f) U kremu od kokosa dodajte šećer u prahu i ekstrakt vanilije. Mutite dok ne postane glatko i kremasto.

g) Da biste sastavili desert, izmrvite sloj torte od šifona i polovicu ravnomjerno rasporedite po dnu posude za posluživanje.

h) Rasporedite nadjev od ananasa preko sloja torte.

i) Kremu od kokosa premažite preko nadjeva od ananasa.
j) Ponovite slojeve s preostalim mrvicama, nadjevom od ananasa i kremom od kokosa.
k) Po želji, vrh ukrasite prženim naribanim kokosom.
l) Ostavite desert u hladnjaku najmanje 2 sata prije posluživanja kako bi se okusi stopili.
m) Narežite i poslužite šifonski užitak od kokosa i ananasa i uživajte u tropskim okusima!

81.Torta od švarcvaldskog šifona

SASTOJCI:
ZA TORTU OD ŠIFONA:
- 1 sloj torte od šifona (možete koristiti bilo koji recept za tortu od šifona)

ZA NADJEV OD VIŠNJE:
- 2 šalice trešanja bez koštica, svježih ili smrznutih
- 1/4 šalice granuliranog šećera
- 1 žlica kukuruznog škroba
- 2 žlice hladne vode
- 1 žlica soka od limuna
- 1/2 žličice ekstrakta badema (po želji)

ZA SLOJ ŠLAGA:
- 2 šalice gustog vrhnja
- 1/4 šalice šećera u prahu
- 1 žličica ekstrakta vanilije

ZA MONTAŽU:
- Čokoladne strugotine ili kovrče, za ukras (po želji)

UPUTE:
a) Pripremite koru od šifon torte prema odabranom receptu i ostavite da se potpuno ohladi.
b) Za nadjev od višanja, pomiješajte očišćene višnje, šećer, limunov sok i ekstrakt badema (ako ga koristite) u loncu. Kuhajte na srednjoj vatri dok višnje ne puste sok.
c) U maloj posudi otopite kukuruzni škrob u hladnoj vodi. Umiješajte smjesu kukuruznog škroba u smjesu od višanja i kuhajte dok se ne zgusne, neprestano miješajući. Maknite s vatre i ostavite da se ohladi na sobnu temperaturu.
d) Za sloj šlaga, tucite čvrsto vrhnje, šećer u prahu i ekstrakt vanilije dok se ne formiraju čvrsti vrhovi.
e) Da biste sastavili trifle, izrežite sloj torte od šifona na male kockice.
f) Složite polovicu kocki kolača na dno male posude ili pojedinačne čaše za posluživanje.
g) Polovicu nadjeva od višanja žlicom rasporediti po kockicama kolača, ravnomjerno ga rasporediti.
h) Preko nadjeva od višanja premažite polovinu šlaga.

i) Ponovite slojeve s preostalim kockama torte, nadjevom od višanja i šlagom.
j) Po želji, ukrasite vrh čokoladnim strugotinama ili kovrčama.
k) Trifle ohladite najmanje 1 sat prije posluživanja kako bi se okusi stopili.
l) Poslužite ohlađeno i uživajte u slatkim slojevima ovog deserta inspiriranog Schwarzwaldom!

82. Parfe od kokosa i manga od šifona

SASTOJCI:
ZA TORTU OD ŠIFONA:
- 1 sloj torte od šifona (možete koristiti bilo koji recept za tortu od šifona)

ZA SLOJ pirea od manga :
- 2 zrela manga, oguljena i narezana na kockice
- 2 žlice granuliranog šećera (po želji)
- 1 žlica soka od limuna

ZA SLOJ KOKOS KREMA:
- 1 limenka (13,5 oz) kokosovog mlijeka, ohlađeno
- 1/4 šalice šećera u prahu
- 1 žličica ekstrakta vanilije

UPUTE:
a) Pripremite koru od šifon torte prema odabranom receptu i ostavite da se potpuno ohladi.
b) Za sloj pirea od manga, pomiješajte mango narezan na kockice, šećer i limunov sok u blenderu ili procesoru hrane dok ne postane glatko. Šećer prilagodite ukusu.
c) Za sloj kokosove kreme otvorite ohlađenu limenku kokosovog mlijeka i izvadite čvrstu kokosovu kremu koja se digla do vrha, ostavljajući za sobom kokosovu vodu. Stavite kokosovo vrhnje u zdjelu za miješanje.
d) U kremu od kokosa dodajte šećer u prahu i ekstrakt vanilije. Mutite dok ne postane glatko i kremasto.
e) Da biste sastavili parfe, izmrvite sloj torte od šifona na dno čaša za posluživanje.
f) Žlicom nanesite sloj pirea od manga preko mrvica kolača.
g) Prelijte slojem vrhnja od kokosa.
h) se ne napune čaše , završite s malo vrhnja od kokosa na vrhu.
i) Po želji, ukrasite dodatnim kockicama manga ili prženih kokosovih listića.
j) Ohladite parfe najmanje 1 sat prije posluživanja kako bi se okusi stopili.
k) Poslužite ohlađeno i uživajte u tropskoj kombinaciji okusa kokosa i manga!

83. Peach Melba Chiffon Torta Trifle

SASTOJCI:

ZA TORTU OD ŠIFONA:
- 1 sloj torte od šifona (možete koristiti bilo koji recept za tortu od šifona)

ZA SLOJ OD KOMPOTA OD BRESKVI:
- 2 šalice narezanih breskvi, svježih ili konzerviranih (ocijeđenih)
- 2 žlice granuliranog šećera
- 1 žlica soka od limuna

ZA SLOJ UMAKA OD MALINA:
- 1 šalica svježih malina
- 2 žlice granuliranog šećera
- 1 žlica soka od limuna

ZA SLOJ ŠLAGA:
- 2 šalice gustog vrhnja
- 1/4 šalice šećera u prahu
- 1 žličica ekstrakta vanilije

UPUTE:
a) Pripremite koru od šifon torte prema odabranom receptu i ostavite da se potpuno ohladi.
b) Za sloj kompota od breskvi pomiješajte narezane breskve, šećer i limunov sok u loncu. Kuhajte na srednjoj vatri dok breskve ne omekšaju i ne puste sok.
c) Za sloj umaka od malina, pomiješajte svježe maline, šećer i limunov sok u blenderu ili procesoru hrane dok ne postane glatko. Procijedite smjesu kroz fino sito kako biste uklonili sjemenke.
d) Za sloj šlaga, tucite čvrsto vrhnje, šećer u prahu i ekstrakt vanilije dok se ne formiraju čvrsti vrhovi.
e) Da biste sastavili trifle, izrežite sloj torte od šifona na male kockice.
f) Složite polovicu kocki kolača na dno male posude ili pojedinačne čaše za posluživanje.
g) Polovicu kompota od breskvi žlicom rasporediti po kockicama kolača.
h) Polovicu umaka od malina prelijte preko kompota od breskvi.
i) Preko umaka od malina rasporedite polovinu šlaga.

j) Ponovite slojeve s preostalim kockama kolača, kompotom od breskvi, umakom od malina i šlagom.
k) Trifle ohladite najmanje 1 sat prije posluživanja kako bi se okusi stopili.
l) Poslužite ohlađeno i uživajte u prekrasnoj kombinaciji breskvi i malina u ovom desertu inspiriranom Melba breskvama!

84.Parfe od šifona od pistacija i trešnje

SASTOJCI:
ZA TORTU OD ŠIFONA:
- 1 sloj torte od šifona (možete koristiti bilo koji recept za tortu od šifona)

ZA SLOJ OD KOMPOTA VIŠNJE:
- 2 šalice trešanja bez koštica, svježih ili smrznutih
- 2 žlice granuliranog šećera
- 1 žlica soka od limuna

ZA KREMNI SLOJ OD PISTACIJA:
- 1 šalica gustog vrhnja
- 1/4 šalice šećera u prahu
- 1 žličica ekstrakta badema
- 1/2 šalice oljuštenih pistacija, sitno nasjeckanih

UPUTE:
a) Pripremite koru od šifon torte prema odabranom receptu i ostavite da se potpuno ohladi.
b) Za sloj kompota od višanja u loncu pomiješajte očišćene višnje, šećer i limunov sok. Kuhajte na srednjoj vatri dok višnje ne puste sok i smjesa se malo zgusne. Maknite s vatre i ostavite da se ohladi na sobnu temperaturu.
c) Za sloj kreme od pistacija, umutite čvrsto vrhnje, šećer u prahu i ekstrakt badema dok se ne formiraju čvrsti vrhovi.
d) Umiješajte sitno nasjeckane pistacije u šlag dok se ravnomjerno ne rasporede.
e) Da biste sastavili parfe, izmrvite sloj torte od šifona na dno čaša za posluživanje.
f) Preko mrvica za tortu žlicom rasporedite sloj kompota od višanja.
g) Prelijte slojem kreme od pistacija.
h) se ne napune čaše, završite s malo kreme od pistacija na vrhu.

ŠIPKE I KVADRATIĆI OD ŠIFONA

85. Šifonske šipke od limuna

SASTOJCI:

ZA KORE:
- 1 1/2 šalice mrvica graham krekera
- 1/4 šalice granuliranog šećera
- 1/2 šalice neslanog maslaca, otopljenog

ZA NADJEV:
- 4 velika jaja, odvojena
- 1 šalica granuliranog šećera
- 1/4 šalice soka od limuna
- 1 žlica limunove korice
- 1/4 šalice višenamjenskog brašna
- Šećer u prahu, za posipanje (po želji)

UPUTE:

a) Zagrijte pećnicu na 350°F (175°C). Namastite tepsiju veličine 9x13 inča.
b) U zdjeli za miješanje pomiješajte mrvice graham krekera, šećer i otopljeni maslac. Smjesu ravnomjerno utisnite u dno pripremljene posude za pečenje.
c) U drugoj posudi za miješanje tucite žumanjke s granuliranim šećerom dok ne postanu svijetli i pjenasti.
d) Umiješajte limunov sok i limunovu koricu dok se dobro ne sjedine.
e) Postupno umiješajte brašno dok ne postane glatko.
f) U posebnoj zdjeli tucite bjelanjke dok se ne stvore čvrsti snijeg.
g) Nježno umiješajte tučene bjelanjke u smjesu s limunom dok ne ostanu tragovi.
h) Smjesu za šifon od limuna prelijte preko kore u tepsiji.
i) Pecite u prethodno zagrijanoj pećnici 25-30 minuta ili dok se ne stegne i lagano poprimi zlatnu boju na vrhu.
j) Izvadite iz pećnice i ostavite da se potpuno ohladi u tepsiji.
k) Kad se ohladi, po želji pospite vrh šećerom u prahu.
l) Izrežite na kvadrate ili štanglice i poslužite. Uživajte u pikantnom i osvježavajućem okusu ovih pločica od šifona s limunom!

86.Čokoladni kolačići od šifona

SASTOJCI:
ZA BROWNIE SLOJ:
- 1/2 šalice neslanog maslaca
- 1 šalica granuliranog šećera
- 2 velika jaja
- 1 žličica ekstrakta vanilije
- 1/3 šalice nezaslađenog kakaa u prahu
- 1/2 šalice višenamjenskog brašna
- 1/4 žličice soli
- 1/4 žličice praška za pecivo

ZA SLOJ ŠIFONA:
- 4 velika jaja, odvojena
- 3/4 šalice granuliranog šećera
- 1/2 šalice neslanog maslaca, otopljenog i ohlađenog
- 1/4 šalice vode
- 1 žličica ekstrakta vanilije
- 3/4 šalice višenamjenskog brašna
- 1/4 žličice tartar kreme

UPUTE:
a) Zagrijte pećnicu na 350°F (175°C). Namastite tepsiju veličine 9x13 inča.
b) Za brownie sloj otopite maslac u loncu na laganoj vatri. Maknite s vatre i umiješajte šećer, jaja i ekstrakt vanilije dok se dobro ne sjedini.
c) Umiješajte kakao prah, brašno, sol i prašak za pecivo dok smjesa ne postane glatka.
d) Ravnomjerno rasporedite tijesto za brownie na dno pripremljene posude za pečenje.
e) Za sloj šifona tucite žumanjke dok ne postanu gusti i dobiju boju limuna. Postupno umiješajte šećer.
f) Umiješajte otopljeni maslac, vodu i ekstrakt vanilije dok se dobro ne sjedini.
g) Postupno umiješajte brašno dok ne postane glatko.
h) U posebnoj zdjeli tucite bjelanjke i tartar dok se ne stvore čvrsti snijeg.

i) Nježno umiješajte tučene bjelanjke u šifon tijesto dok ne ostanu tragovi.
j) Tijesto od šifona prelijte preko tijesta za brownie u kalupu za pečenje.
k) Pecite u prethodno zagrijanoj pećnici 30-35 minuta ili dok se ne stegne i lagano poprimi zlatnu boju na vrhu.
l) Izvadite iz pećnice i ostavite da se potpuno ohladi u tepsiji.
m) Ohlađeno režite na štanglice i poslužite. Uživajte u dekadentnoj kombinaciji čokoladnog kolača i laganih slojeva šifona!

87. Šifon kokos kvadrati

SASTOJCI:
ZA KORE:
- 1 1/2 šalice mrvica graham krekera
- 1/4 šalice granuliranog šećera
- 1/2 šalice neslanog maslaca, otopljenog

ZA NADJEV:
- 4 velika jaja, odvojena
- 1 šalica granuliranog šećera
- 1/2 šalice neslanog maslaca, otopljenog i ohlađenog
- 1 šalica kokosovog mlijeka
- 1 žličica ekstrakta vanilije
- 1 1/2 šalice naribanog kokosa

UPUTE:
a) Zagrijte pećnicu na 350°F (175°C). Namastite tepsiju veličine 9x13 inča.
b) U zdjeli za miješanje pomiješajte mrvice graham krekera, šećer i otopljeni maslac. Smjesu ravnomjerno utisnite u dno pripremljene posude za pečenje.
c) U drugoj posudi za miješanje tucite žumanjke dok ne postanu gusti i dobiju boju limuna. Postupno umiješajte šećer.
d) Umiješajte rastopljeni maslac, kokosovo mlijeko i ekstrakt vanilije dok se dobro ne sjedini.
e) Umiješajte nasjeckani kokos dok se ravnomjerno ne rasporedi.
f) U posebnoj zdjeli tucite bjelanjke dok se ne stvore čvrsti snijeg.
g) Nježno umiješajte tučene bjelanjke u smjesu od kokosa dok ne ostanu tragovi.
h) Prelijte smjesu od kokos šifona preko kore u tepsiji.
i) Pecite u prethodno zagrijanoj pećnici 25-30 minuta ili dok se ne stegne i lagano poprimi zlatnu boju na vrhu.
j) Izvadite iz pećnice i ostavite da se potpuno ohladi u tepsiji.
k) Kad se ohladi izrežite na kvadrate i poslužite. Uživajte u tropskom okusu ovih šifon kokosovih kvadrata!

88.Narančaste šipke od šifona

SASTOJCI:
ZA KORE:
- 1 1/2 šalice mrvica graham krekera
- 1/4 šalice granuliranog šećera
- 1/2 šalice neslanog maslaca, otopljenog

ZA NADJEV:
- 4 velika jaja, odvojena
- 1 šalica granuliranog šećera
- 1/2 šalice svježe iscijeđenog soka od naranče
- 1 žlica narančine korice
- 1/4 šalice neslanog maslaca, otopljenog i ohlađenog
- 1/4 šalice višenamjenskog brašna

UPUTE:
a) Zagrijte pećnicu na 350°F (175°C). Namastite tepsiju veličine 9x13 inča.
b) U zdjeli za miješanje pomiješajte mrvice graham krekera, šećer i otopljeni maslac. Smjesu ravnomjerno utisnite u dno pripremljene posude za pečenje.
c) U drugoj posudi za miješanje tucite žumanjke dok ne postanu gusti i dobiju boju limuna. Postupno umiješajte šećer.
d) Umiješajte narančin sok, narančinu koricu, otopljeni maslac i brašno dok se dobro ne sjedini.
e) U posebnoj zdjeli tucite bjelanjke dok se ne stvore čvrsti snijeg.
f) Nježno umiješajte tučene bjelanjke u narančastu smjesu dok ne ostanu tragovi.
g) Smjesu od narančastog šifona prelijte preko kore u tepsiji.
h) Pecite u prethodno zagrijanoj pećnici 25-30 minuta ili dok se ne stegne i lagano poprimi zlatnu boju na vrhu.
i) Izvadite iz pećnice i ostavite da se potpuno ohladi u tepsiji.
j) Ohlađeno režite na štanglice i poslužite. Uživajte u citrusnoj dobroti ovih narančastih pločica od šifona!

89.Šifonski kvadrati u boji jagode

SASTOJCI:
ZA KORE:
- 1½ šalice Graham vafel mrvica
- ⅓ šalice otopljenog margarina

ZA NADJEV:
- ¾ šalice kipuće vode
- 1 pakiranje želea od jagoda
- 1 šalica Eagle Brand mlijeka (zaslađeno kondenzirano mlijeko)
- ⅓ šalice soka od limuna
- 1 paket smrznutih narezanih jagoda
- 3 šalice minijaturnog marshmallowa
- ½ litre vrhnja za šlag, tučeno

UPUTE:
ZA KORE:
a) Pomiješajte mrvice graham oblatne i otopljeni margarin.
b) Utapkajte smjesu na dno posude veličine 9 x 13 inča.

ZA NADJEV:
c) Otopite žele od jagoda u kipućoj vodi u velikoj zdjeli.
d) Umiješajte zaslađeno kondenzirano mlijeko, limunov sok, smrznute narezane jagode i marshmallows.
e) Umiješajte šlag.
f) Smjesu prelijte preko kore od mrvica.
g) Ohladite dok se ne stegne, oko 2 sata.

90. Šifonske šipke boje Key Lime

SASTOJCI:
ZA KORE:
- 1 1/2 šalice mrvica graham krekera
- 1/4 šalice granuliranog šećera
- 1/2 šalice neslanog maslaca, otopljenog

ZA NADJEV:
- 4 velika jaja, odvojena
- 1 šalica granuliranog šećera
- 1/2 šalice svježe iscijeđenog soka limete
- 1 žlica korice limete
- 1/4 šalice neslanog maslaca, otopljenog i ohlađenog
- 1/4 šalice višenamjenskog brašna

UPUTE:
a) Zagrijte pećnicu na 350°F (175°C). Namastite tepsiju veličine 9x13 inča.
b) U zdjeli za miješanje pomiješajte mrvice graham krekera, šećer i otopljeni maslac. Smjesu ravnomjerno utisnite u dno pripremljene posude za pečenje.
c) U drugoj posudi za miješanje tucite žumanjke dok ne postanu gusti i dobiju boju limuna. Postupno umiješajte šećer.
d) Umiješajte sok od ključne limete , koricu od ključne limete, otopljeni maslac i brašno dok se dobro ne sjedini.
e) U posebnoj zdjeli tucite bjelanjke dok se ne stvore čvrsti snijeg.
f) Nježno umiješajte tučene bjelanjke u ključnu smjesu od limete dok ne prestanu tragovi.
g) Prelijte smjesu šifona od ključne limete preko kore u tepsiji.
h) Pecite u prethodno zagrijanoj pećnici 25-30 minuta ili dok se ne stegne i lagano poprimi zlatnu boju na vrhu.
i) Izvadite iz pećnice i ostavite da se potpuno ohladi u tepsiji.
j) Ohlađeno režite na štanglice i poslužite. Uživajte u pikantnom i osvježavajućem okusu ovih ključnih pločica od šifona limete!

91. Ananas šifon kvadrati

SASTOJCI:
ZA KORE:
- 1 1/2 šalice mrvica graham krekera
- 1/4 šalice granuliranog šećera
- 1/2 šalice neslanog maslaca, otopljenog

ZA NADJEV:
- 4 velika jaja, odvojena
- 1 šalica granuliranog šećera
- 1/2 šalice zdrobljenog ananasa, ocijeđenog
- 1/4 šalice neslanog maslaca, otopljenog i ohlađenog
- 1/4 šalice višenamjenskog brašna

UPUTE:
a) Zagrijte pećnicu na 350°F (175°C). Namastite tepsiju veličine 9x13 inča.
b) U zdjeli za miješanje pomiješajte mrvice graham krekera, šećer i otopljeni maslac. Smjesu ravnomjerno utisnite u dno pripremljene posude za pečenje.
c) U drugoj posudi za miješanje tucite žumanjke dok ne postanu gusti i dobiju boju limuna. Postupno umiješajte šećer.
d) Umiješajte zdrobljeni ananas i otopljeni maslac dok se dobro ne sjedini.
e) Postupno umiješajte brašno dok ne postane glatko.
f) U posebnoj zdjeli tucite bjelanjke dok se ne stvore čvrsti snijeg.
g) Nježno umiješajte tučene bjelanjke u smjesu od ananasa dok ne ostanu tragovi.
h) Smjesu od šifona od ananasa prelijte preko kore u tepsiji.
i) Pecite u prethodno zagrijanoj pećnici 25-30 minuta ili dok se ne stegne i lagano poprimi zlatnu boju na vrhu.
j) Izvadite iz pećnice i ostavite da se potpuno ohladi u tepsiji.
k) Kad se ohladi izrežite na kvadrate i poslužite. Uživajte u tropskom okusu ovih kvadrata od šifona u boji ananasa!

92. Šifonske šipke od miješanog bobičastog voća

SASTOJCI:
ZA KORE:
- 1 1/2 šalice mrvica graham krekera
- 1/4 šalice granuliranog šećera
- 1/2 šalice neslanog maslaca, otopljenog

ZA NADJEV:
- 4 velika jaja, odvojena
- 1 šalica granuliranog šećera
- 1 šalica miješanog bobičastog voća (kao što su maline, borovnice i kupine)
- 1/4 šalice neslanog maslaca, otopljenog i ohlađenog
- 1/4 šalice višenamjenskog brašna

UPUTE:
a) Zagrijte pećnicu na 350°F (175°C). Namastite tepsiju veličine 9x13 inča.
b) U zdjeli za miješanje pomiješajte mrvice graham krekera, šećer i otopljeni maslac. Smjesu ravnomjerno utisnite u dno pripremljene posude za pečenje.
c) U drugoj posudi za miješanje tucite žumanjke dok ne postanu gusti i dobiju boju limuna. Postupno umiješajte šećer.
d) Umiješajte miješano bobičasto voće i otopljeni maslac dok se dobro ne sjedini.
e) Postupno umiješajte brašno dok ne postane glatko.
f) U posebnoj zdjeli tucite bjelanjke dok se ne stvore čvrsti snijeg.
g) Nježno umiješajte tučene bjelanjke u smjesu bobičastog voća dok ne ostanu tragovi.
h) Izmiksanu smjesu za šifon od bobičastog voća preliti preko kore u tepsiji.
i) Pecite u prethodno zagrijanoj pećnici 25-30 minuta ili dok se ne stegne i lagano poprimi zlatnu boju na vrhu.
j) Izvadite iz pećnice i ostavite da se potpuno ohladi u tepsiji.
k) Ohlađeno režite na štanglice i poslužite. Uživajte u naletu okusa bobičastog voća u ovim pločicama od šifona od miješanog bobičastog voća!

KRUH OD ŠIFONA

93. Chiffon Banana Bread

SASTOJCI:

- 2 šalice višenamjenskog brašna
- 1 žličica praška za pecivo
- 1/2 žličice sode bikarbone
- 1/2 žličice soli
- 3 zrele banane, zgnječene
- 3/4 šalice granuliranog šećera
- 1/2 šalice biljnog ulja
- 3 velika jaja, odvojena
- 1/4 šalice mlijeka
- 1 žličica ekstrakta vanilije

UPUTE:

a) Zagrijte pećnicu na 350°F (175°C). Namastite i pobrašnite kalup za kruh veličine 9x5 inča.
b) U veliku zdjelu prosijte zajedno brašno, prašak za pecivo, sodu bikarbonu i sol.
c) U drugoj zdjeli izmiksajte zgnječene banane, granulirani šećer, biljno ulje, žumanjke, mlijeko i ekstrakt vanilije dok se dobro ne sjedine.
d) Postupno dodajte suhe sastojke u smjesu banana i miješajte dok se ne sjedine.
e) U posebnoj zdjeli tucite bjelanjke dok se ne stvore čvrsti snijeg.
f) Nježno umiješajte tučene bjelanjke u tijesto od banane dok ne ostanu tragovi.
g) Ulijte tijesto u pripremljeni kalup za kruh i zagladite vrh lopaticom.
h) Pecite 50-60 minuta ili dok čačkalica zabodena u sredinu ne izađe čista.
i) Izvadite iz pećnice i ostavite da se ohladi u tavi 10 minuta prije nego što je prebacite na rešetku da se potpuno ohladi.
j) Narežite i poslužite šifon kruh od banane i uživajte!

94. Chiffon Lemon Bread

SASTOJCI:
- 2 šalice brašna za kolače
- 1 1/2 žličice praška za pecivo
- 1/4 žličice sode bikarbone
- 1/2 žličice soli
- Korica od 2 limuna
- 1/2 šalice neslanog maslaca, omekšalog
- 1 šalica granuliranog šećera
- 3 velika jaja, odvojena
- 1/4 šalice soka od limuna
- 1/2 šalice mlijeka
- 1 žličica ekstrakta vanilije

UPUTE:
a) Zagrijte pećnicu na 350°F (175°C). Namastite i pobrašnite kalup za kruh veličine 9x5 inča.
b) U zdjelu prosijte brašno za kolače, prašak za pecivo, sodu bikarbonu i sol. Umiješajte limunovu koricu.
c) U drugoj posudi umutite omekšali maslac i šećer u prahu dok ne postanu svijetli i pjenasti.
d) Istucite jedan po jedan žumanjak pa umiješajte limunov sok i ekstrakt vanilije.
e) Postupno dodajte suhe sastojke mokrim sastojcima, naizmjenično s mlijekom, i miješajte dok se dobro ne sjedini.
f) U posebnoj zdjeli tucite bjelanjke dok se ne stvore čvrsti snijeg.
g) Nježno umiješajte tučene bjelanjke u tijesto dok ne ostanu tragovi.
h) Ulijte tijesto u pripremljeni kalup za kruh i zagladite vrh lopaticom.
i) Pecite 45-55 minuta ili dok čačkalica zabodena u sredinu ne izađe čista.
j) Izvadite iz pećnice i ostavite da se ohladi u tavi 10 minuta prije nego što je prebacite na rešetku da se potpuno ohladi.
k) Narežite i poslužite šifon kruh s limunom i uživajte u svijetlom i pikantnom okusu!

95.Kruh od šifon bundeve

SASTOJCI:
- 1 3/4 šalice višenamjenskog brašna
- 1 žličica sode bikarbone
- 1/2 žličice praška za pecivo
- 1/2 žličice soli
- 1 žličica mljevenog cimeta
- 1/2 žličice mljevenog đumbira
- 1/4 žličice mljevenog muškatnog oraščića
- 1/4 žličice mljevenog klinčića
- 1 šalica konzerviranog pirea od bundeve
- 1 šalica granuliranog šećera
- 1/2 šalice biljnog ulja
- 2 velika jaja, odvojena
- 1/4 šalice vode
- 1 žličica ekstrakta vanilije

UPUTE:
a) Zagrijte pećnicu na 350°F (175°C). Namastite i pobrašnite kalup za kruh veličine 9x5 inča.
b) U zdjelu prosijte brašno, sodu bikarbonu, prašak za pecivo, sol, cimet, đumbir, muškatni oraščić i klinčiće.
c) U drugoj zdjeli umutite pire od bundeve, granulirani šećer, biljno ulje, žumanjke, vodu i ekstrakt vanilije dok se dobro ne sjedine.
d) Postupno dodajte suhe sastojke mokrim sastojcima i miješajte dok se ne sjedine.
e) U posebnoj zdjeli tucite bjelanjke dok se ne stvore čvrsti snijeg.
f) Nježno umiješajte tučene bjelanjke u tijesto dok ne ostanu tragovi.
g) Ulijte tijesto u pripremljeni kalup za kruh i zagladite vrh lopaticom.
h) Pecite 50-60 minuta ili dok čačkalica zabodena u sredinu ne izađe čista.
i) Izvadite iz pećnice i ostavite da se ohladi u tavi 10 minuta prije nego što je prebacite na rešetku da se potpuno ohladi.
j) Narežite i poslužite šifon kruh od bundeve i uživajte u toplim i ugodnim okusima jeseni!

96. Chiffon Chocolate Swirl Bread

SASTOJCI:

- 1 3/4 šalice višenamjenskog brašna
- 1 žličica praška za pecivo
- 1/2 žličice sode bikarbone
- 1/2 žličice soli
- 1/4 šalice nezaslađenog kakaa u prahu
- 1/2 šalice granuliranog šećera
- 1/4 šalice biljnog ulja
- 1 šalica mlaćenice
- 2 velika jaja, odvojena
- 1 žličica ekstrakta vanilije

UPUTE:

a) Zagrijte pećnicu na 350°F (175°C). Namastite i pobrašnite kalup za kruh veličine 9x5 inča.
b) U zdjelu prosijte zajedno brašno, prašak za pecivo, sodu bikarbonu i sol.
c) U drugoj zdjeli pomiješajte kakao prah, granulirani šećer, biljno ulje, mlaćenicu, žumanjke i ekstrakt vanilije dok se dobro ne sjedine.
d) Postupno dodajte suhe sastojke mokrim sastojcima i miješajte dok se ne sjedine.
e) U posebnoj zdjeli tucite bjelanjke dok se ne stvore čvrsti snijeg.
f) Nježno umiješajte tučene bjelanjke u tijesto dok ne ostanu tragovi.
g) Ulijte polovicu tijesta u pripremljeni kalup za kruh.
h) Dodajte komadiće preostalog tijesta na vrh čokoladnog tijesta.
i) Upotrijebite nož ili ražanj kako biste zajedno zavrtjeli dva tijesta kako biste stvorili efekt mramora.
j) Pecite 50-60 minuta ili dok čačkalica zabodena u sredinu ne izađe čista.
k) Izvadite iz pećnice i ostavite da se ohladi u tavi 10 minuta prije nego što je prebacite na rešetku da se potpuno ohladi.
l) Narežite i poslužite šifonski čokoladni kruh i uživajte u bogatim i ugodnim okusima čokolade!

KOLAČIĆI OD ŠIFONA

97. Šifon kolačići od limuna

SASTOJCI:
- 2 šalice višenamjenskog brašna
- 1 žličica praška za pecivo
- 1/4 žličice soli
- 1/2 šalice neslanog maslaca, omekšalog
- 1 šalica granuliranog šećera
- 2 velika jaja, odvojena
- Korica od 1 limuna
- 1 žlica soka od limuna
- 1 žličica ekstrakta vanilije

UPUTE:
a) Zagrijte pećnicu na 350°F (175°C). Limove za pečenje obložite papirom za pečenje.
b) U zdjelu prosijte zajedno brašno, prašak za pecivo i sol.
c) U drugoj posudi umutite omekšali maslac i šećer u prahu dok ne postanu svijetli i pjenasti.
d) Istucite žumanjke jedno po jedno, zatim umiješajte limunovu koricu, limunov sok i ekstrakt vanilije.
e) Postupno dodajte suhe sastojke mokrim sastojcima i miješajte dok se dobro ne sjedine.
f) U posebnoj zdjeli tucite bjelanjke dok se ne stvore čvrsti snijeg.
g) Nježno umiješajte tučene bjelanjke u tijesto dok ne ostanu tragovi.
h) Žlicama stavljajte tijesto na pripremljene limove za pečenje, razmaknuvši ih oko 2 inča.
i) Pecite 10-12 minuta, ili dok rubovi ne postanu lagano zlatni.
j) Izvadite iz pećnice i ostavite da se ohladi na limovima za pečenje nekoliko minuta prije nego što ih prebacite na rešetku da se potpuno ohlade.
k) Uživajte u laganom i pikantnom okusu ovih šifon kolačića s limunom!

98.Šifon kolačići s komadićima čokolade

SASTOJCI:
- 2 šalice višenamjenskog brašna
- 1 žličica sode bikarbone
- 1/2 žličice soli
- 1/2 šalice neslanog maslaca, omekšalog
- 1/2 šalice granuliranog šećera
- 1/2 šalice pakiranog smeđeg šećera
- 2 velika jaja, odvojena
- 1 žličica ekstrakta vanilije
- 1 šalica poluslatkih komadića čokolade

UPUTE:
a) Zagrijte pećnicu na 375°F (190°C). Limove za pečenje obložite papirom za pečenje.
b) U zdjelu prosijte zajedno brašno, sodu bikarbonu i sol.
c) U drugoj posudi umutite omekšali maslac, granulirani šećer i smeđi šećer dok ne postane svijetlo i pjenasto.
d) Istucite jedan po jedan žumanjak pa umiješajte ekstrakt vanilije.
e) Postupno dodajte suhe sastojke mokrim sastojcima i miješajte dok se dobro ne sjedine.
f) U posebnoj zdjeli tucite bjelanjke dok se ne stvore čvrsti snijeg.
g) Nježno umiješajte tučene bjelanjke i komadiće čokolade u tijesto dok se ravnomjerno ne rasporede.
h) Žlicama stavljajte tijesto na pripremljene limove za pečenje, razmaknuvši ih oko 2 inča.
i) Pecite 8-10 minuta, ili dok rubovi ne postanu lagano zlatni.
j) Izvadite iz pećnice i ostavite da se ohladi na limovima za pečenje nekoliko minuta prije nego što ih prebacite na rešetku da se potpuno ohlade.
k) Uživajte u mekanoj i lakoj teksturi ovih šifonskih kolačića s komadićima čokolade!

99.Kolačići od šifona i badema

SASTOJCI:
- 1 1/2 šalice višenamjenskog brašna
- 1/2 šalice bademovog brašna
- 1/2 žličice praška za pecivo
- 1/4 žličice soli
- 1/2 šalice neslanog maslaca, omekšalog
- 1/2 šalice granuliranog šećera
- 2 velika jaja, odvojena
- 1 žličica ekstrakta badema
- Narezani bademi, za preljev

UPUTE:
a) Zagrijte pećnicu na 350°F (175°C). Limove za pečenje obložite papirom za pečenje.
b) U zdjelu prosijte višenamjensko brašno, bademovo brašno, prašak za pecivo i sol.
c) U drugoj posudi umutite omekšali maslac i šećer u prahu dok ne postanu svijetli i pjenasti.
d) Istucite jedan po jedan žumanjak, zatim umiješajte ekstrakt badema.
e) Postupno dodajte suhe sastojke mokrim sastojcima i miješajte dok se dobro ne sjedine.
f) U posebnoj zdjeli tucite bjelanjke dok se ne stvore čvrsti snijeg.
g) Nježno umiješajte tučene bjelanjke u tijesto dok ne ostanu tragovi.
h) Žlicama stavljajte tijesto na pripremljene limove za pečenje, razmaknuvši ih oko 2 inča.
i) Svaki kolačić malo spljoštite stražnjom stranom žlice i po vrhu stavite narezane bademe.
j) Pecite 10-12 minuta, ili dok rubovi ne postanu lagano zlatni.
k) Izvadite iz pećnice i ostavite da se ohladi na limovima za pečenje nekoliko minuta prije nego što ih prebacite na rešetku da se potpuno ohlade.
l) Uživajte u nježnom okusu badema i hrskavoj teksturi ovih šifon kolačića od badema!

100. Kolačići od šifona i kokosa

SASTOJCI:
- 1 1/2 šalice višenamjenskog brašna
- 1/2 šalice naribanog kokosa
- 1/2 žličice praška za pecivo
- 1/4 žličice soli
- 1/2 šalice neslanog maslaca, omekšalog
- 1/2 šalice granuliranog šećera
- 2 velika jaja, odvojena
- 1 žličica ekstrakta vanilije

UPUTE:
a) Zagrijte pećnicu na 350°F (175°C). Limove za pečenje obložite papirom za pečenje.
b) U zdjelu prosijte brašno, naribani kokos, prašak za pecivo i sol.
c) U drugoj posudi umutite omekšali maslac i šećer u prahu dok ne postanu svijetli i pjenasti.
d) Istucite jedan po jedan žumanjak pa umiješajte ekstrakt vanilije.
e) Postupno dodajte suhe sastojke mokrim sastojcima i miješajte dok se dobro ne sjedine.
f) U posebnoj zdjeli tucite bjelanjke dok se ne stvore čvrsti snijeg.
g) Nježno umiješajte tučene bjelanjke u tijesto dok ne ostanu tragovi.
h) Žlicama stavljajte tijesto na pripremljene limove za pečenje, razmaknuvši ih oko 2 inča.
i) Pecite 10-12 minuta, ili dok rubovi ne postanu lagano zlatni.
j) Izvadite iz pećnice i ostavite da se ohladi na limovima za pečenje nekoliko minuta prije nego što ih prebacite na rešetku da se potpuno ohlade.
k) Uživajte u tropskom okusu i žvakaćoj teksturi ovih kolačića od šifona i kokosa!

ZAKLJUČAK

Dok se približavamo kraju naše avanture s šifonom, nadam se da je ova kuharica probudila vašu strast za stvaranjem laganih, prozračnih i dekadentnih užitaka u vlastitoj kuhinji. Kroz ovih 100 izvrsnih recepata, istražili smo delikatnu umjetnost i svestranu prirodu šifona, pretvarajući jednostavne sastojke u izvanredna kulinarska remek-djela. Bilo da uživate u komadu pahuljaste torte od šifona, guštate u žlici svilenkastog moussea od šifona ili uživate u zalogaju elegantne pite od šifona, svaki je recept pažljivo osmišljen kako bi svakom nepcu pružio radost i zadovoljstvo.

Od srca vam zahvaljujem što ste mi se pridružili na ovom kulinarskom putovanju. Vaš entuzijazam i predanost svladavanju umjetnosti pečenja šifona učinili su ovu avanturu uistinu posebnom. Neka vas vještine i tehnike koje ste naučili iz ove kuharice nastave nadahnjivati dok stvarate ukusne kreacije od šifona koje ćete podijeliti s obitelji i prijateljima.

Dok nastavljate istraživati svijet pečenja od šifona, neka vaša kuhinja bude ispunjena primamljivim mirisima svježe pečenih kolača, nježnim teksturama svilenkastih pjena i izvrsnim okusima elegantnih pita. Neka vam svaka kreacija od šifona koju napravite izmami osmijeh na lice i toplinu u srce, podsjećajući vas na ljepotu i radost koja se može pronaći u umjetnosti pečenja.

Hvala vam još jednom što ste mi dopustili da budem dio vašeg putovanja šifonom. Dok se ponovno ne sretnemo, neka vam dani budu ispunjeni slatkoćom, lakoćom i nepogrešivom elegancijom šifona . Sretno pečenje i neka vaše kulinarske avanture i dalje budu inspirativne i oduševljavajuće!

www.ingramcontent.com/pod-product-compliance
Lightning Source LLC
Chambersburg PA
CBHW050019130526
44590CB00042B/960